OIGA

Michiko Sakurai

Yukie Kuribayashi

Editorial Dogakusha

── 音声ダウンロード ──

 がついている箇所は、ネイティブスピーカーによる録音があります。

同学社のホームページよりダウンロードできます。

http://www.dogakusha.co.jp/04414_onsei.html

写真提供：櫻井道子

本文イラスト：櫻井道子

表紙デザイン：アップルボックス

はじめに

　日本人にとって欧言語の中でも音声学上発音しやすいスペイン語は、今後も需要が増える言語です。使用単語はReal Academia の辞書を基軸にし、スペインも中南米でも対応できる生き生きした表現を心がけました。

　本書は、各課4ページ、18課構成で、3課ごとに確認問題を設けました。各ページの特徴は以下の通りです。

Gramática 文法解説：暗記すべき表現をキーフレーズとして課のはじめにまとめ、文法説明を簡潔にし、見やすい活用表で視覚的に暗記できるよう配慮しています。

Ejercicios 文法練習問題：既習の文法を試す練習問題です。問題数が多いので、様々な角度から比較しながらの文法理解を可能としています。より深い理解のために和訳しながら答え合わせをすることで、さらに定着が図れます。

Diálogos y Lectura　ダイアローグとリーダー：ダイアローグは、文法がどのように使われるのかを対話形式で見ていきます。会話中の言い回しは即役立つ表現を意識した設定になっていて、スムーズな会話力を目的とします。リーダーは該当する単元の文法を踏まえた文章とその行間を汲み、分析する力をつけます。

Práctica 実践問題：ダイアローグとリーダーでは、設定された状況の理解・言い回し・読解を学びますが、ここではそれを定着させるための実践と反復、応用を行います。一人でも複数でも状況を想定し練習できます。

Repaso 復習問題：3課ごとの2ページ構成で、復習と理解度の確認ができます。授業中のちょっとした時間に力試しとして自習などにも活用できます。

　教授時間や人数が異なってもあらゆる教育現場で対応できるよう、同時に、レベルや進度の統一も図れるよう、更には、本書以外の補充問題が必要無いよう工夫した、充実したテキストになっています。例えば、週1回の学習ならば、ひとつの Unidad をじっくり順番に、週2回ならば、1回は Gramática と Ejercicios をセットに、もう1回はDiálogos y Lectura と Práctica をセットにし、計2回。また、速い進度で文法理解を目的とするならば Gramáticaと Ejercicios をセットに学習し、残りを復習で利用。実践を目的とするならば、Gramática と Práctica をセットにしてみるなど、お好みのカスタマイズが可能です。

　このテキストの作成にあたりまして、ご協力くださいました瓜谷アウロラ先生には感謝の意を表します。また、P. ラゴ先生、I. プラーナス先生、C. ガリード先生、F. パルティダ先生、G. ベリギスタイン先生、R. フィゲロア先生方には表現や文化面でのご教示をいただきました。この場を借りて厚く御礼申し上げます。編集の石坂裕美子氏のご尽力にも感謝しております。

　2020年　秋　　　　　　　　　　　　　　　　　　　　　　　　　　　　　　　　　著者一同

目次

CD 1-02
DL 002

1 ¡Hola! ¿Cómo te llamas? やあ、君の名前は？
2 Buenos días. Buenas tardes. Buenas noches. おはようございます。こんにちは。こんばんは。
3 Hasta mañana. Hasta luego. Adiós. また明日。またね。さようなら。

CD 1-03
DL 003

1 アルファベット Alfabeto

A a	B b	C c	D d	E e	F f	G g	H h	I i
a [a]	b [be]	ce [θe]	de [de]	e [e]	efe [éfe]	ge [xe]	hache [átʃe]	i [i]
J j	**K k**	**L l**	**M m**	**N n**	**Ñ ñ**	**O o**	**P p**	**Q q**
jota [xóta]	ka [ka]	ele [éle]	eme [éme]	ene [éne]	eñe [éɲe]	o [o]	p [pe]	q [ku]
R r	**S s**	**T t**	**U u**	**V v**	**W w**	**X x**	**Y y**	**Z z**
ere [ére]	ese [ése]	te [te]	u [u]	uve [úbe]	uve doble [úbe dóble]	equis [ékis]	ye/i griega [je]	zeta [θéta]

CD 1-04
DL 004

2 特殊な音と綴り ortografía, casos especiales

	[a]	[e]	[i]	[o]	[u]
[k]	ca	que	qui	co	cu
[g]	ga	gue	gui	go	gu
[gw]	gua	güe	güi	guo	----
[θ] [s]	za	ce	ci	zo	zu
[x]	ja	ge/je	gi/ji	jo	ju
[tʃ]	cha	che	chi	cho	chu
[ʝ] [j]	lla	lle	lli	llo	llu
[r]	rra(ra)※	rre(re)※	rri(ri)※	rro(ro)※	rru(ru)※

※ （ ）語頭の場合

CD 1-05
DL 005

3 読み方（アクセントの位置）

1) 母音字や -n, -s で終わる語 → 後ろから二つ目の音節にアクセント　　ca-ma　jo-ven　te-nis
2) -n, -s 以外の子音字で終わる語 → 最後の音節にアクセント　　uni-ver-si-dad　es-pa-ñol
3) アクセント記号がある場合 → アクセント記号のある母音を強く読む　ja-po-nés　Ja-pón
　　※アクセント記号の有無で同じ綴りの単語は意味（品詞）が異なる　el　él

4 母音

1) 単母音　a e i o u　（強母音　a, e , o　弱母音　i, u）
2) 二重母音　　弱母音を含む二つの母音の組み合わせ（強＋弱）（弱＋強）（弱＋弱）
　　　　　　二重母音は一つの母音として扱う（最後の i は語末で y と表記　muy）
　　　　　　（弱＋弱）の時は後ろの母音にアクセント
3) 三重母音　　三つの母音の組み合わせ（弱母音＋強母音＋弱母音のみ）
　　　　　　三重母音は一つの母音として扱う（最後の i は語末で y と表記　Uruguay）

¿Quiere más detalle? 音節

1. 強母音	・強母音は分ける i-de-a ・アクセント記号がついた弱母音は強母音として扱う po-li-cí-a
2. 二重母音や三重母音	・音節では一つの母音として扱う ai-re, Pa-ra-guay
3. 一子音＋母音	・一音節 ca-sa
4. 二重子音	・音節では一つの子音として扱う pa-dre
5. 余った子音	・一音節を形成できないので、前の音節につける hom-bre, mu-jer

5 子音

CD 1-06
DL 006

1) 子音

b/v	[b]	banco	bebida	vino	vocabulario
d	[d]	dama	ducha	dinero	verdad
f	[f]	familia	feliz	finca	fiesta
k	[k]	kaki（caqui）	kilogramo	kimono	Kenia
l	[l]	ladrón	león	lengua	sol
m	[m]	mapa	melocotón	Madrid	ministro
n	[n]	navidad	nota	nacionalidad	número
ñ	[ɲ]	España	niño	montaña	compañía
p	[p]	Papa	padre	perro	pelo
s	[s]	Salamanca	silla	asiento	siesta
t	[t]	tarde	tiempo	templo	temperatura
w	[w]	wáter	kiwi	web	whisky

2) その他の子音

CD 1-07
DL 007

a) 特殊な子音

c	[c]	（ca cu co）	（カ　ク　コ）		capital	cuadro
	[θ]	（ce ci）	英語の〔th〕音＝z		cerezo	cine
g	[g]	（ga gu go）	（ガ　グ　ゴ）		gafas	gobierno
	[x]	（ge gi）	「ハ行」類似。j 同様に喉を震わせる		gente	gigante
	[g]	（gue gui）	（ゲ　ギ）u は発音しない		guerra	guitarra
	[gw]	（güe güi）	u を発音する		bilingüe	lingüística
h	[h]		発音しない		humanidad	hombre
j	[x]		「ハ行」類似。喉を震わせる		Japón	jamón
q	[k]	（que qui）	（ケ　キ）u を発音しない		paquete	quince
r	[ɾ]		日本語の「ラ行」		historia	profesor
	[r]		語頭　　巻舌		radio	ruta
x	[ks]		x＋母音		taxi	examen
	[s]		x＋子音		extranjero	excepción
y	[j]		「ジャ行」か「ヤ行」の発音		ayer	desayuno
	[i]		語末の y　i 音のみ		rey	ley
z	[θ]		英語の〔th〕音		zanahoria	vez

CD 1-08
DL 008

b) 一子音（二文字で一子音扱い）

ch	[tʃ]	チャ音	churros	chaqueta	
ll	[j] [j]	ジャ・ヤ音	castillo	llave	（リャ音もある）
rr	[r]	上記 r 参照　巻舌	desarrollo	correcto	

CD 1-09
DL 009

c) 二重子音

b＋l/r	[bl/br]	biblia	blusa	broma	abrazo
c＋l/r	[cl/cr]	clave	clínica	crimen	cruz
dr	[dr]	dragón	droguería	madre	sangre
f＋l/r	[fl/fr]	flaco	flor	fraile	frío
g＋l/r	[gl/gr]	Inglaterra	global	grande	grupo
p＋l/r	[pl/pr]	planeta	plural	prado	precio
tr	[tr]	trabajo	tren	trinidad	instrumento

Ejercicios

① 次の単語を発音しましょう。

1. DVD　　2. CD　　3. ADN　　4. ONG　　5. DNI

② 下線部に注意して読みましょう。

1. v a s o
2. c e n a
3. g i g a n t e
4. h a m b r e
5. m u j e r
6. r a d i o
7. b i l i n g ü e
8. e s p a g u e t i
9. l á p i z
10. j o v e n
11. c a l l e
12. e x t r a n j e r o
13. z a p a t o s
14. p a r q u e
15. n i ñ a

③ 次の人名を読みましょう。

1. Isabel
2. Juana
3. Rosa
4. Fernando
5. Pablo
6. Miguel
7. Raquel
8. Elena
9. Josefina
10. Hugo
11. Francisco（Paco）
12. José（Pepe）
13. María Teresa
14. María del Carmen
15. María del Camino
16. Miguel Angel
17. Juan Carlos
18. José María

④ 次の国名を読みましょう。

1. España（Madrid）
2. Japón（Tokio）
3. Chile（Santiago）
4. Inglaterra（Londres）
5. Francia（París）
6. Italia（Roma）
7. Argentina（Buenos Aires）
8. Corea（Seúl）
9. China（Pekín）
10. Perú（Quito）
11. México（Ciudad de México）
12. Egipto（El Cairo）
13. Colombia（Bogotá）
14. Estados Unidos（Washington D.C.）
15. Canadá（Ottawa）
16. Cuba（La Habana）
17. Alemania（Berlín）
18. Israel（Jerusalén）
19. Portugal（Lisboa）
20. Marruecos（Rabat）
21. Rusia（Moscú）

⑤ 次の単語のアクセントのある母音を囲みましょう。

1. h o t e l
2. a i r e
3. s i e s t a
4. c i u d a d
5. t í t u l o
6. c a f e t e r í a
7. b i b l i o t e c a
8. m e r c a d o
9. c a m i ó n
10. p a d r e
11. E u r o p a
12. e s t u d i á i s ＜ estudiar
13. t e l é f o n o
14. a e r o p u e r t o
15. c o l e g i o

⑥ 下線部の発音と同じ発音の単語を、a～c の中から選びましょう。（複数選択も可）

1. bebida
a. violín
b. bicicleta
c. baile
2. ceremonia
a. Kenia
b. cero
c. cebra
3. gente
a. juguete
b. jefe
c. hermana
4. humo
a. tofu
b. uva
c. fuera
5. perro
a. Londres
b. rosa
c. pero

⑦ 次の単語の音声を聞き、アクセント符号をつけましょう。

1. m e d i c o
2. s o f a
3. a n g e l
4. r i o
5. t i a
6. c a f e t e r i a
7. P a n a m a
8. M e x i c o
9. J a p o n
10. P e r u
11. j a m o n
12. j a p o n e s
13. t e l e f o n o
14. l e o n
15. m u s i c a

⑧ 上記③④以外で出てきた単語を、辞書で引いてみましょう。

Práctica

Unidad 1

CD 1-17
DL 017

1. 次の会話にならって、スペイン語を話してみましょう。

1）（同年代等）A：¡Hola! Buenos días. Soy A. ¿Y tú?

B：Buenos días. Soy B. Mucho gusto.

2）（改まって）Aiko：Buenas tardes, señor. ¿Cómo se llama usted?

Javier：Buenas tardes. Me llamo Javier. Javier Giménez.

Aiko：Encantada, señor Giménez.

Javier：Encantado.

3）（綴り方）Aiko：¿Cómo se escribe* Goya?

Paco：Se escribe G, O, Y y A.

4）（何という？）Aiko：¿Cómo se dice* "arigato" en español?

Paco：Se dice "gracias" en español.

*se＋escribir（書く）/ decir（言う）の3人称変化動詞「～される」

2. アルファベットを発音しましょう。

3. 自己紹介をしましょう。（soy～（私は）～です）

A：¡Hola! Soy（名前　　　　　　　　　）. ¿Y tú?　　　　　和訳：_____

B：¡Hola! Soy（名前　　　　　　）.　　　　　　　　　　和訳：_____

A：Llámame*（相手に呼ばれたい名前　　　　　）.　　　　和訳：_____

*llámame ＜ llamarse　llamar（呼ぶ）＋me（私を）「～と呼んでね」

A：¡Hola! Buenas noches. ¿Cómo te llamas?　　　　　　　和訳：_____

B：Buenas noches. Me llamo（名前　　　　　）.　　　　　和訳：_____

A：Encantado. /Encantada. /Mucho gusto.　　　　　　　和訳：_____

4. 単語表記の方法を覚えましょう。

1）アルファベットを使った方法

A：¿Cómo se escribe（Bの名前　　　　　）?　　　　　　和訳：_____

B：Se escribe（　　　　　　y　　　）.　　　　　　　　和訳：_____

2）地名を使った方法

例）A：¿Cómo se escribe Aiko?

B：Se escribe A de América, i de Italia, k de Kenia y o de Oviedo.　　＜ojo＞地名は見返し地図を参照

A：¿Cómo se escribe（Bの名前　　　　　）?

B：Se escribe（　　　　　　　　　　　）.

5. スペイン語の単語を尋ねましょう。

A：¿Cómo se dice（日本語　　　　　）en español?　　　例）ノート、紙、辞書、鉛筆、消しゴム、筆箱

B：Se dice（スペイン語　　　　　）en español.　　　　例）goma, lápiz, papel, cuaderno, diccionario, estuche

6. 別れの挨拶をしてみましょう。

A：Hasta mañana,（Bの名前　　　　　）.

B：Hasta luego,（Aの名前　　　　）

CD 1-18
DL 018

Expresiones de clase　授業で使う表現

Otra vez, por favor. もう一度お願いします。　Despacio, por favor. ゆっくりお願いします。
No entiendo. 理解できません。　Silencio, por favor. 静かにしてください。　¡Atención! 気をつけて。　¡Ojo! 着目。
Perdón. すみません。　Lo siento. ごめんなさい、残念です。　De acuerdo. 了解しました。　Sí. はい。　No. いいえ。
¡Una pregunta! 質問があります。　¿Alguna pregunta? 質問はありますか？　¿Listos? 準備はいいですか？
Te toca. 君の番です。　Ejercicios en pareja. ペアワーク。　Los deberes de hoy. 本日の課題。
Hasta la próxima semana. また来週。　Adiós. さようなら。

CD 1-19
▶
DL 019

1 **Dos helados de chocolate, por favor.** チョコアイス２つ、お願いします。
2 **Hay una plaza en la ciudad. En la plaza hay un restaurante español.**
　その町に広場が１つあります。広場にはスペイン料理店があります。

1　名詞の性

スペイン語の名詞には「男性名詞（m.）」と「女性名詞（f.）」がある。

-o で終わる語は男性名詞が多い。perro, libro, río

-a で終わる語は女性名詞が多い。casa, mesa, maleta

-ción, -sión, -dad, -tadは女性名詞。estación, televisión, ciudad, mitad

> （例外）
> mano, foto（女）
> mapa, día（男）

　　　*それ以外の語末文字からは名詞の性は判断できない。árbol（男）, flor（女）等。
　　　　▶男女同形 estudiante, guitarrista等。指示対象の性は冠詞で区別。（el estudiante / la estudiante）

2　名詞の複数形

| 語末が母音字（aeiou）＋ **s** |
| 語末が子音字　　　　　　＋ **es** |

libro → libros, casa → casas
árbol → árboles, país → países
▶ examen → exámenes, canción → canciones, lápiz → lápices
▶ paraguas → paraguas（アクセントが語末音節にない -s の語）

3　定冠詞と不定冠詞

1）定冠詞　「その／それらの」（聞き手と共通認識のあるもの）

	単数	複数
男性	**el**	**los**
女性	**la**	**las**

el libro　　*los* libros

2）不定冠詞　「ある、ひとつの／いくつかの」

	単数	複数
男性	**un**	**unos**
女性	**una**	**unas**

una casa　　*unas* casas

▶ 中性定冠詞 **lo**（lo importante 大事なこと）

4　hay を使った存在文

hay ＋（不定冠詞、数詞など）＋ 名詞 「～がある・いる」＊hay ＜ haber 現在形

Hay una cafetería aquí.　　　*Hay* dos cafeterías aquí.
Hay un árbol en el parque.　　*Hay* muchos árboles en el parque.

5　形容詞

1）**o**で終わるもの「-o,a,os,as型」

blanco「白い」

	単数	複数
男性	blanc**o**	blanc**os**
女性	blanc**a**	blanc**as**

2）子音末の地名形容詞「-ゼロ ,a,es,as型」

español「スペイン（人）の」

	単数	複数
男性	español	español**es**
女性	español**a**	español**as**

3）**o**で終わらないもの（子音末の地名形容詞をのぞく）男女同形「-ゼロ ,（e）s 型」

grande「大きい」

	単数	複数
男性	grande	grande**s**
女性	grande	grande**s**

azul「青い」

単数	複数
azul	azul**es**
azul	azul**es**

■基本の語順　[冠詞類]＋ 名詞 ＋[形容詞]　＊冠詞類・形容詞は名詞の性数に一致

la casa *blanca*　　*unos* hoteles *grandes*　　*unas* chicas *españolas*
Hay *un* bolígrafo *azul* en la mesa.　　Hay *unos* chicos *japoneses* en la clase.

Unidad 2

① （　　　）内の名詞を分類しましょう。

女性名詞（f.）	男女同形	男性名詞（m.）
自然の性があるもの		自然の性があるもの
自然の性がないもの		自然の性がないもの

amigo madre profesor vaso padre televisión arroz estudiante guitarra amiga
diccionario cantante periodista día foto profesora nacionalidad camiseta

② 該当する名詞の性（男性 m, 女性 f ）を○で囲み、複数形にし、単語の意味も調べましょう。

	性	名詞／単数	名詞／複数		性	名詞／単数	名詞／複数
1.	m f	perro		2.	m f	francés	
3.	m f	casa		4.	m f	hotel	
5.	m f	televisión		6.	m f	pintor	
7.	m f	dependiente		8.	m f	país	
9.	m f	mano		10.	m f	paraguas	

③ 該当する名詞の性（男性 m, 女性 f ）を○で囲み、定冠詞を入れ、さらに複数形にしましょう。
　また、単語の意味も調べましょう。

	性	定冠詞	名詞／単数	定冠詞	名詞/複数
1.	m f		problema	⇒	
2.	m f		estación	⇒	
3.	m f		viernes	⇒	
4.	m f		día	⇒	

④ 該当する名詞の性（男性 m, 女性 f ）を○で囲み、不定冠詞を入れ、さらに複数形にしましょう。
　また、単語の意味も調べましょう。

	性	不定冠詞	名詞/単数	不定冠詞	名詞/複数
1.	m f		semana	⇒	
2.	m f		mujer	⇒	
3.	m f		lápiz	⇒	
4.	m f		día	⇒	

⑤ （不　　　）には不定冠詞を、（定　　　）には定冠詞を入れ、和訳しましょう。

1. Hay（不　　　　）niños en（定　　　　）parque.

2. Hay（不　　　　）hotel en（定　　　　）calle.

3. En（定　　　）plaza hay（不　　　　）restaurantes.

4. En（定　　　）estación hay（不　　　　）restaurante.

⑥ 次の形容詞の表を完成させましょう。

	単数	複数
男性	alto	
女性		

単数	複数
amable	

⑦ 名詞を複数形にして、全体を適切な形にしましょう。

1. un coche japonés ＿＿＿＿＿＿＿＿　　2. una chica española ＿＿＿＿＿＿＿＿

3. el restaurante pequeño ＿＿＿＿＿＿＿　　4. la sala grande ＿＿＿＿＿＿＿＿

5. el pianista coreano ＿＿＿＿＿＿＿＿　　6. la pianista alegre

Diálogos 会話を聞いて、スペイン語を話してみましょう。

1. En la entrada de una compañía

Ana：¿Sr. López?

Sr. López：Buenos días, señora…

Ana：Me llamo Ana, Ana Morella. Encantada.

Sr. López：Encantado.

Ana：¿Qué tal el viaje?

Sr. López：Muy bien, gracias.

2. En una cafetería

Amaya：Rafael, buenas tardes.

Rafael：Buenas tardes.

Camarero：¿Qué desean ustedes?

Amaya：Yo, un café con leche, por favor. ¿Y tú?

Rafael：Yo, un café solo.

Camarero：¿Algo más?

Rafael：¿Hay churros?

Camarero：Ya no hay. Pero hay croissants y tostadas.

┌─ **¿Quiere más detalle?** コーヒーの種類 ─────────

café solo エスプレッソ　café con leche カフェオレ　café cortado コルタード（エスプレッソに僅かにミルクを足す）
carajillo リキュール入り（ウイスキー、ブランデー、アニス酒など）コーヒー　café americano アメリカン
café con hielo アイスコーヒー（スペインではミルク無し）　café descafeinado カフェインレスコーヒー

3. En el ascensor del piso

Hotelero（José）：Buenos noches, María.

Maestra（María）：Buenas noches. ¿Qué tal tu día?

Hotelero：Mucho trabajo. Muchos turistas en el hotel. ¿Y tú?

Maestra：Con los niños pequeños, no hay descanso.

Hotelero：Claro, en el colegio hay muchas cosas que hacer.*

Maestra：Bueno, José.　Buenas noches. Dulces sueños.

Hotelero：Hasta mañana, buenas noches.

*するべきこと

Lectura 次のスペイン語を読んでみましょう。

España スペイン

En Europa hay un país llamado España. En la mayoría de los países europeos hay influencia de los romanos. En España también. Por eso, hay muchos monumentos históricos romanos como las ruinas de Itálica en Sevilla y las de Tarraco en Tarragona, las murallas de Lugo, el teatro romano de Mérida, el acueducto de Segovia, etc.

☞観光に関する名詞を調べてみましょう。Itálica, Tarraco, murallas, teatro romano, acueducto

コラム　スペイン人とバル

スペイン人は行かない日はない、と言ってもよいほどバルは生活に占める重要度が高く、飲食の役割はもとより、社交場として人々が集う。少々騒がしい、キッチン、居間、そして勉強部屋とも言えよう。人々は各々小腹を満たし、新聞を読み、談話・チェス・カード・サッカー観戦に興ずるかと思えば本のない議論のできる図書館と、その利用方法は無限大。当然、混雑するバルには必ず何か秘密がある。筆者の在籍先近くのバルでは、camarero（ウエイター）とのじゃんけんに勝つと、美味しい山盛りの patatas bravas（揚げポテトのピリ辛ソース掛け）が無料になった。

CD 1-24
DL 024

1. 0から19までの数をスペイン語で表記し、発音しましょう。

0	_____	1	_____	2	_____	3	_____
4	_____	5	_____	6	_____	7	_____
8	_____	9	_____	10	_____	11	_____
12	_____	13	_____	14	_____	15	_____
16	_____	17	_____	18	_____	19	_____

※数の後ろに名詞をつける場合、主に単数名詞の前では un もしくは una となり、「ある～、ひとつの～」となります。

2. 例）にならって表を完成させ、発音しましょう。

例）cuadro	un cuadro	dos cuadros	tres cuadros	muchos cuadros
maleta				
moto				
coche				

3. 例）にならって、Aは質問し、Bは（　）内の指示に従って答えましょう。

例）A：¿Hay libros en la mesa?（3）　B：Sí, hay <u>tres libros</u> en la mesa.

1）A：¿Hay sillas en la clase?（1, 8, 18）　　B：Sí, hay _____ en la clase.
2）A：¿Hay lápices en el cajón?（1, 11, 15）　B：Sí, hay _____ en el cajón.
3）A：¿Hay alumnas en la sala?（mucho, 12, 14）　B：Sí, hay _____ en la sala.
4）A：¿En la universidad hay cafetería?（1, 2, 4）　B：Sí, en la universidad hay _____ .
5）A：¿En la entrada hay paraguas?（0）　　B：No, _____ .

4. 例）にならって、Aは質問し、Bは（　）内の指示に従って答えましょう。

例）A：¿Qué hay en la mesa?（unos libros）?　B：Hay unos libros en la mesa.

1）A：¿Hay alguien en la clase?（un estudiante）　B：_____ .
2）A：¿Qué hay en el cajón?（unas llaves）　B：_____ .
3）A：¿Hay muchos profesores en la sala?（un profesor）　B：No, _____ .
4）A：¿Qué hay en el parque?（unos columpios）　B：_____ .
5）A：¿Qué hay en la entrada?（un paraguas）　B：En la entrada hay _____ .

5. （　）の中から、意味が通る形容詞をすべて選択し、それぞれ全体を適切な形にしましょう。

例）unos coches caros など

1）unos coches _____
2）una persona _____
3）el coche _____
4）unas personas _____
5）un estudiante _____
6）la moto _____

(caro　japonés　pequeño　alegre　rojo　inteligente)
(barato　español　grande　serio　azul　ignorante)

CD 1-25
DL 025

6. 質問をスペイン語に訳し、スペイン語で答えましょう。

1）この辺りに図書館（単数）はありますか？
2）東京には美術館（複数）がありますか？
3）水はありますか？

— 9 —

1 **¿Hablas español? —Sí, hablo español, inglés y japonés.**
君はスペイン語を話しますか？ ーはい、私はスペイン語、英語、日本語を話します。

2 **Hoy comemos paella.** 今日私たちはパエリアを食べます。

3 **¿Dónde vives? —Vivo en Madrid. Mis padres viven en Tokio.**
君はどこに住んでいるの？ ー私はマドリッドに住んでいます。私の両親は東京に住んでいます。

1 人称代名詞・主格 主語「〜は（が）」の形

	単数		複数	
1人称（話し手）	**yo**	私は（が）	**nosotros**（-as）	私たちは（が）
2人称（聞き手）	**tú**	君は（が）	**vosotros**（-as）*	君たちは（が）
3人称 （それ以外の人、もの）	**él** **ella** **usted**	彼は（が） 彼女は（が） （敬称）あなたは（が）	**ellos** **ellas** **ustedes**	彼らは（が） 彼女たちは（が） （敬称）あなた方（が）

▶ usted 短縮形 Vd. Ud. ustedes 短縮形 Vds. Uds. *ラテンアメリカでは ustedes で代用

2 直説法現在・規則活用 「動詞は主語の人称と数に一致して6つに変化」

現在形は、現在の行為・習慣、一般的事実、確実な未来等を表す。

1）**-ar**（アール）動詞
hablar「話す」

	単数	複数
1人称	habl**o**	habl**amos**
2人称	habl**as**	habl**áis**
3人称	habl**a**	habl**an**

2）**-er**（エール）動詞
comer「食べる」

	単数	複数
1人称	com**o**	com**emos**
2人称	com**es**	com**éis**
3人称	com**e**	com**en**

3）**-ir**（イール）動詞
vivir「住む」

	単数	複数
1人称	viv**o**	viv**imos**
2人称	viv**es**	viv**ís**
3人称	viv**e**	viv**en**

3 文の組み立て

1）肯定文：主語＋動詞（活用形）が基本。その他の語は動詞の後に置く。人称代名詞・主格は省略可。
　　　　María vive en Barcelona. 　　　　Vivimos en Tokio.

2）疑問文：¿ 疑問詞 + 動詞（+ 主語）？ 疑問詞のない場合は主語と動詞を倒置しなくてもよい。
　　　　¿Cuándo viajan ustedes a México? 　　¿Tu hermano aprende italiano?

3）否定文：no（〜ない）+ 動詞 　　Antonio no cena en casa hoy.

4 所有形容詞・前置形

	単数	複数		
1人称	**mi**（-s） 私の	**nuestro**（-a,os,as） 私たちの	*mi* cuaderno	*mis* cuadernos
2人称	**tu**（-s） 君の	**vuestro**（-a,os,as） 君たちの	*mi* casa	*nuestra* casa
3人称	**su**（-s） 彼/彼女/あなたの	**su**（-s） 彼ら/彼女たち/あなた方の	*su* hijo	*sus* hijos

語尾 **-o** は修飾する名詞すなわち所有物の性数に一致して **-o,a,os,as** に。他は複数 **-s** のみ。

5 過去分詞（1）

-ar → -ado	hablar → habl**ado**
-er/-ir → -ido	comer → com**ido**, vivir → viv**ido**

*leer → leído, oír → oído,
　traer → traído, caer → caído

[不規則形] abrir→**abierto**, cubrir→**cubierto**, decir→**dicho**, escribir→**escrito**, hacer→**hecho**,
morir→**muerto**, poner→**puesto**, proveer→**provisto**, resolver→**resuelto**, romper→**roto**,
ver→**visto**, volver→**vuelto**, freír→**frito**（freído）, imprimir→**impreso**（imprimido）

過去分詞は動作の完了（他動詞の場合は受身）を表す。名詞を修飾し形容詞的に用いられる。
una mesa *preparada* 用意された食卓（＜ preparar 用意する） unas hojas *caídas* 落葉（＜ caer 落ちる）

① 次の単語を人称代名詞主格にしましょう。

1. María _____
2. Fernando y Luis _____
3. Marta y Elena _____
4. tú y Miguel _____
5. Fermín y vosotros _____
6. Ana y nosotras _____

② 次の規則動詞を直説法現在の正しい形にし、和訳しましょう。

ar 動詞 comprar

1. Yo (　　　　) el periódico.
2. Nosotros (　　　　) una revista.
3. Tú (　　　　) un libro.
4. Vosotros (　　　　) un diccionario.
5. Él / Ella / Vd. (　　　　) una novela.
6. Ellos / Ellas / Vds. (　　　　) cómics.

er 動詞 comprender

1. Yo (　　　　) español.
2. Nosotros (　　　　) portugués.
3. Tú (　　　　) japonés.
4. Vosotros (　　　　) catalán.
5. Él / Ella / Vd. (　　　　) alemán.
6. Ellos / Ellas / Vds. (　　　　) castellano.

ir 動詞 escribir

1. Yo (　　　　) una carta.
2. Nosotros (　　　　) un artículo español.
3. Tú (　　　　) una novela.
4. Vosotros (　　　　) un libro de texto.
5. Él / Ella / Vd. (　　　　) unas frases.
6. Ellos / Ellas / Vds. (　　　　) su nombre.

③ 次の不定詞を直説法現在に変化させましょう。

tomar		beber		partir	

④ 次の所有格前置形の表を完成させましょう。

libro

私の	mi libro	mis libros	私たちの		
君の			君たちの		
彼/彼女/あなたの			彼ら/彼女たち/あなたがたの		

casa

私の	mi casa	mis casas	私たちの		
君の			君たちの		
彼/彼女/あなたの			彼ら/彼女たち/あなたがたの		

CD 1-29

DL 029

⑤ [　　] に所有形容詞前置形を、（ 　　 ）には直説法現在を、≪ 　　 ≫には過去分詞を入れましょう。

[私の 　　] hermano (cumplir 　　) 20 años, por eso tiene[1] un coche ≪ regalar 　　 ≫.

Ahora él (asistir 　　) a clase de idiomas porque (estudiar 　　) portugués. Él y [彼の 　　]

compañeros (leer 　　) muchas novelas ≪ escribir 　　 ≫ en portugués. Entender las frases

≪ hacer 　　 ≫ es[2] muy difícil.[3] [私たちの 　　] padres y yo (comprender 　　) el idioma.

Porque [私たちの 　　] abuela (vivir 　　) en Brasil. Ella y [彼女の 　　] compañeros

(trabajar 　　) allí. (Enseñar, *ellos* 　　) idiomas.

1）tiene＜tener　持つ　2）es＜ser　～です。　3）（文全体で）成句を訳すことは難しいです。

# Diálogos y Lectura

Diálogos 会話を聞いて、スペイン語を話してみましょう。

CD 1-30
DL 030
1. En el trabajo

Ángela：Hola. ¿Qué tomas?

Pablo：Tomo una infusión de manzanilla*. Pero quema mucho.

Ángela：Pero ¿no llegas tarde a la reunión?

Pablo：Sí, llego tarde. Por eso, acabo la infusión y tomo un taxi.

*カモマイルティー

CD 1-31
DL 031
2. En una conversación

Margarita：Lees muchas revistas de salud, Julio. Pero comes mucho, ¿no?

Julio：Sí, como mucho pero sanamente. Muchas verduras, legumbres y jamón.

Margarita：¿No bebes?

Julio：No, no bebo alcohol ni leche. Bebo leche de soja* o de avena.

Margarita：¿Dónde venden ese tipo de leches?

Julio：Últimamente en cualquier supermercado.

*soya とも言われる

> **¿Quiere más detalle?** 副詞（形容詞 ＋ mente）
>
> ・形容詞が -o で終わるものは -a に変えて＋ mente　　claro ＋ mente → claramente
>
> ・そのまま＋ mente　　natural ＋ mente → naturalmente　　fácil ＋ mente → fácilmente

CD 1-32
DL 032
3. ¿Llega la carta?

Laura：¿Escribes una carta, Javier?

Javier：Sí, escribo a nuestra amiga Marisol para felicitar su cumpleaños.

Laura：¿Cuándo recibe la carta?

Javier：El cartero reparte en una semana. Así recibe antes de su cumpleaños.

CD 1-33
DL 033
Lectura 次のスペイン語を読んでみましょう。

La vida en Toledo　トレドの日常

Mi marido y yo vivimos en Toledo, un pueblo situado al sur de Madrid. Por las mañanas abrimos todas las ventanas de casa y respiramos aire fresco. Mi marido lee el periódico todos los días y yo preparo su café. Después caminamos juntos hasta el mercado y compramos comida. Si hay buena perdiz, la[1] compramos para cocinar "perdiz estofada"[2]. Algunos de nuestros amigos trabajan allí y nos enseñan ingredientes frescos o de temporada.

1）それを　2）ウズラの煮込み（トレドを代表する料理）

> **¿Quiere más detalle?** 場所・方向
>
> aquí（por aquí）　ahí（por ahí）　allí（por allí）　el norte　el sur　el oeste　el este

■ コラム 世界遺産都市 古都トレド

Toledo（トレド）は Castilla-La Mancha（カスティーリャ・ラ・マンチャ）地方にあり、旧市街は世界遺産に登録されている。ヴィシゴート（西ゴート）王国の首都であったことから奈良市とは姉妹都市であり、歴史的にも重要な役割を果たした大司教座である。スペインが他の欧州諸国と異なる理由には、何世紀にもわたるユダヤ教、キリスト教、イスラム教の共存が挙げられるが、その代表格の町である。様々な分野への発展に影響した翻訳学校、建造物として Cristo de la Luz や Santa María la Blanca 等の名残りもあり、トレドはグラナダ同様に伝説や伝承の宝庫でもある。El río Tajo（タホ川）に囲まれた自然要塞的な地形は、パラドールからの素晴らしい展望が有名である。日照時間が短く、色白が多いと言われる秋田美人のように、地形高低差が激しいことから、トレド女性の美脚も有名だ。日本人に人気のある画家、El Greco（エルグレコ、本名ドメニコス・テオトコプロス）がその生涯を全うした街でもある。

CD 1-34
▶
DL 034

1. 次の会話をペアで読みましょう。

Ana ：¿Comes tú arroz?

Bernardo ：No, no como arroz.

Ana ：¿Qué comes?

Bernardo ：Como pan.

Ana ：¿Dónde compras pan?

Bernardo ：Compro en una panadería.

◆この表現を覚えましょう！

¿Comes ～?

¿Qué ～　?

¿Dónde ～?

2. 次の不定詞を直説法現在に変化させましょう。

hablar	comer	recibir

3. 例にならって、下線部を（　　）内の単語にかえて質問し、会話しましょう。

例) A：¿Hablas inglés? 　　　　　　B：Sí, hablo inglés. B: No, no hablo inglés.
(español, francés, portugués) 　　B：No, hablo (inglés 以外).

1) A：¿Tomáis tapas? 　　　　　　B：Sí, _____. 　B：No, no_____.
(café, canapés, helado) 　　　B：No,_____.

2) A：¿Come usted pescado? 　　B：Sí, _____. 　B：No, no_____.
(*tempura*, tacos, tortilla) 　B：No,_____.

3) A：¿Recibe Gloria una carta? 　B：Sí, _____. 　B：No, no_____.
(un regalo, un paquete) 　　B：No,_____.

4) A：¿Compras una revista? 　　B：Sí, _____. 　B：No, no_____.
(frutas, un jersey) 　　　　B：No,_____.

4. 質問に対し、（　　）内の単語を使って答えましょう。

1) A：¿Dónde vives? 　　　　　（Japón, Madrid, un piso） 　　　B：_____.

2) A：¿Qué coméis? 　　　　　（*sushi*, bocadillo, paella） 　　B：_____.

3) A：¿Qué estudias? 　　　　（Economía, Medicina, Literatura） 　B：_____.

4) A：¿De quién habláis? 　　（la profesora, María, sus hijos） 　B：_____.

5) A：¿A quién mandas la carta? （mis abuelos, Jorge, mi novia） 　B：_____.

5. 質問に対し、（　　）内の指示に従って、答えましょう。

1) A：¿Con quién vives?（a. 私の両親　　b. 私の友人たち） 　B：（Yo）_____con_____.

2) A：¿Con quién vivís?（a. 私たちの祖母　　b. 私たちの両親） B：（Nosotros）_____con_____.

Repaso 1　Unidad 1-3

① 次の単語を正しく発音しましょう。

1. huevo　　　　2. jabón　　　　3. zanahoria　　　4. universidad
5. extranjero　 6. boxeo　　　　7. cebolla　　　　8. lingüística
9. teléfono　　 10. tienda　　　11. reloj　　　　12. abrazo
13. juguete　　 14. fuego　　　 15. parque　　　16. guerra

② （定　　）には定冠詞を、（不　　）には不定冠詞を入れ、和訳しましょう。（複数解答可）

1. todo（定　　　　　　）día　　2. todos（定　　　　　　）días　　3.（不　　　　　）examen
4.（不　　　　　　）exámenes　5.（定　　　　　　）joven　　6.（定　　　　　）jóvenes
7.（不　　　　　）día　　　　　8.（定　　　　　　）manos　　9.（不　　　　　）mono

③ （　　）の色を正しい形にし、意味が通じるようにしましょう。

1. las cifras（rojo）＿＿＿＿＿＿＿＿＿＿　　　2. el príncipe（azul）＿＿＿＿＿＿＿＿＿＿

3. página（amarillo）＿＿＿＿＿＿＿＿＿＿　　4. la oveja（negro）＿＿＿＿＿＿＿＿＿＿

④ 人称代名詞主格の表を完成させましょう。

	単数	複数
1人称	私は（が）	私たちは（が）
2人称	君は（が）	君たちは（が）
3人称 （敬称）	彼は（が）　彼女は（が） あなたは（が）	彼らは（が）　彼女たちは（が） あなた方は（が）

⑤ 指示に従って、直説法現在の正しい形にしましょう。

esperar	（2複）	→	leer	（2単）	→	escribir	（3単）	→
	（3複）	→		（2複）	→		（1複）	→

trabajar	（1複）	→	responder	（1単）	→	partir	（1単）	→
	（2単）	→		（3複）	→		（2複）	→

practicar	（1単）	→	deber	（2単）	→	decidir	（3単）	→
	（2複）	→		（2複）	→		（1複）	→

cantar	（2複）	→	correr	（1単）	→	subir	（1複）	→
	（3複）	→		（2複）	→		（1複）	→

viajar	（2単）	→	recoger	（1単）	→	discutir	（3単）	→
	（2複）	→		（1複）	→		（1複）	

⑥ 指示に従って、所有形容詞の適切な形を入れましょう。

1.（私たちの　　　　　　　）padres　　　2.（私の　　　　　　　　）camisas
3.（君の　　　　　　）profesor　　　　　4.（君たちの　　　　　　　）sillas
5.（彼の　　　　　　）casas　　　　　　 6.（あなた方の　　　　　　）casa
7.（あなたの　　　　　　）gafas　　　　 8.（彼女たちの　　　　　　）cuaderno

⑦ 次の形容詞を適切な形にしましょう。

1. bueno：un（　　　　　　）médico　　　2. bueno：un médico（　　　　　　）
3. malo：（　　　　　　）tiempo　　　　　4. malo：una muchacha（　　　　　　）
5. grande：un（　　　　　　）artista　　 6. grande：una artista（　　　　　　）

⑧（　　）内の動詞を直説法現在の正しい形にし、和訳しましょう。

1. La tienda（abrir　　　　　　　）a las diez de la mañana.
2. Jorge y yo（llegar　　　　　　）tarde a la clase de inglés.
3. Marta y Alejandro（comprar　　　　　　）muchos regalos a su hija.
4. ¿Tus amigos（trabajar　　　　　　）en una compañía de vuelos?
5. ¿Javier y tú（subir　　　　　　）en el ascensor?
6. Mis hijos（aprender　　　　　　）a nadar.
7. ¿（Comprender　　　　　　）vosotros bien?
8. Ellos（creer　　　　　　）en Dios.

⑨ 次の質問にスペイン語で答えましょう。（　　）の指示がある場合は、指示に従って答えましょう。

1. ¿Cómo te llamas?
2. ¿Tomas desayuno?
3. ¿Lees el periódico todos los días?
4. ¿Viajas mucho?
5. ¿Hay una habitación libre en este hotel?（Sí）
6. ¿Hay una estación de metro por aquí?（No）
7. ¿Cuántos libros hay en la mesa?（3）
8. ¿Cuántas cafeterías hay en esta calle?（1）

⑩ 日本語の意味になるよう、下記の単語を使い、Sr. Oda と Sra. Lago を紹介しましょう。

este,　esta,　Sr. Oda,　el Sr. Oda,　Sra. Lago,　la Sra. Lago

オダさん、こちらはラゴ夫人です。＿＿＿＿＿＿＿＿＿＿＿＿＿＿＿＿＿＿＿＿＿

ラゴ夫人、こちらはオダさんです。＿＿＿＿＿＿＿＿＿＿＿＿＿＿＿＿＿＿＿＿＿

⑪ スペイン語に訳しましょう。　　*動詞は左ページの⑤を参照すること。

1. おはようございます。
2. こんにちは。
3. こんばんは。
4. また後で。
5. お願いします。
6. ありがとう。
7. どういたしまして。
8. マリア（María）は上手に（bien）歌う。
9. 私は朝食をとる。
10. 私たちはスペイン語を練習する。
11. 彼は速く（rápido）走る。
12. 彼女はバスに乗る。（subir al autobús）
13. あなたはたくさん手紙（carta）を書きますか？
14. あなた方はそれらの本を読むのですか？
15. 君は君の家族（familia）と住んでいますか？
16. あなたはあなたの家族と住んでいますか？

CD 1-35
DL 035

1 Soy estudiante. 私は学生です。

2 ¿María es mexicana? —No, ella es colombiana.
マリアはメキシコ人ですか？ －いいえ、彼女はコロンビア人です。

3 ¿Dónde estás ahora? —Estoy en casa. 君は今どこにいるの？ －家にいるよ。

CD 1-36
DL 036

1 直説法現在・不規則活用 ser「です」

soy	somos
eres	sois
es	son

ser の構文... A ＋ ser ＋ B「A は B です」(**性質**) *形容詞や職業の名詞は主語に性数一致
　　Él *es* japonés.　Ellas *son* japonesas.　Mi madre *es* profesora.

◇**ser de**〜の表現
　　[出身・産地] Eva *es* de Nicaragua.　Este vino *es* de Chile.
　　[所有] Este diccionario *es* de María. [材料] Esta sopa *es* de tomate.

CD 1-37
DL 037

2 直説法現在・不規則活用 estar「(場所/状態に) いる、ある」

estoy	estamos
estás	estáis
está	están

estar の構文...①状態と②所在の2つの意味
　1) A ＋ estar ＋ B「A は (一時的に) B です」(**状態**) *形容詞は主語に性数一致
　　　El profesor *está* sentado.　La profesora *está* cansada.
　2) A ＋ estar ＋ 場所「A は ...にいる、ある」(**所在**)
　　　El profesor *está* en la universidad.　La universidad *está* delante de la estación.

*進行形 (estar＋現在分詞) は15課参照

◇**ser** と **estar** の使い分け
　　ser は変わらない永続的性質を表す。Javier *es* simpático.　Este reloj *es* de Italia.
　　estar は変化を前提とする一時的状態を表す。Javier *está* contento.　Este reloj *está* roto.

3 指示形容詞・指示代名詞

	「この」「これ」		「その」「それ」		「あの」「あれ」	
	単数	複数	単数	複数	単数	複数
男性	**este**	**estos**	**ese**	**esos**	**aquel**	**aquellos**
女性	**esta**	**estas**	**esa**	**esas**	**aquella**	**aquellas**

中性形：「これ」**esto**　　「それ」**eso**　　「あれ」**aquello**

修飾する名詞の性数に一致して語尾が変化
este diccionario　　*esas* flores　　*aquellos* edificios

「これ /それ /あれ」(指示代名詞) として使用する場合も省略された名詞に性数一致
estos diccionarios → *estos* これら　　*aquella* flor → *aquella* あれ

性の分からないときや、「こ (そ・あ) のこと」の意味には中性形を使用
¿Qué es *esto*? これは何ですか？　　　　Javier no comprende *eso*. ハビエルはそのことを理解していない。

4 疑問詞

cuándo いつ,　dónde どこ,　adónde(a dónde) どこへ,　qué 何,　quién 誰,　cómo どのように,
cuál どれ,　cuánto いくら・いくつ,　por qué なぜ

① 動詞 ser を直説法現在の正しい形にし、和訳しましょう。

1. Nosotros (　　　　　　　) estudiantes.
2. Carmen y José (　　　　　　　) simpáticos.
3. Vosotras (　　　　　　　) muy altas.
4. ¿De dónde (　　　　　　) tú?
5. ¿De dónde (　　　　　　) usted?
6. Yo (　　　　　　) de Japón.

② 動詞 estar を直説法現在の正しい形にし、和訳しましょう。

1. Yo (　　　　　　) en la universidad.
2. Nosotros (　　　　　　) a quince de agosto.
3. ¿Dónde (　　　　　) la estación de Tokio?
4. ¿Vosotros (　　　　　　) bien?
5. Carmen y José (　　　　　　) ocupados.
6. ¿Dónde (tú　　　　　　) ?

③ (　　) 内の動詞を直説法現在の正しい形にし、和訳しましょう。

1. Elena (ser　　　　　　) nerviosa.
   Miguel (estar　　　　　　) nervioso.
2. Carmen y José (ser　　　　　　) alegres.
   Paco (estar　　　　　) alegre.
3. El helado (ser　　　　　) frío.
   Esta sopa (estar　　　　　　) caliente.
4. Sus hijas (ser　　　　　　) guapas.
   Ella (estar　　　　　) guapa hoy.
5. Esta mesa (ser　　　　　　) de madera.
   Este estilo de mesa (estar　　　　　　　) de moda.

④ 1.～3. の (　　) に適切な指示形容詞を入れ、下線部を指示代名詞にかえて、文を作りましょう。

1. este 　　(＿＿＿＿＿) chico es José.　　　　＿＿＿＿＿＿＿＿＿＿＿
   　　　　　(＿＿＿＿＿) niña es Pilar.　　　　　＿＿＿＿＿＿＿＿＿＿＿
2. ese　　　(＿＿＿＿＿) vasos son de cerámica.　＿＿＿＿＿＿＿＿＿＿＿
   　　　　　(＿＿＿＿＿) cerámicas son de Talavera.* ＿＿＿＿＿＿＿＿＿
3. aquel 　 (＿＿＿＿＿) torre es la Tokio Sky tree. ＿＿＿＿＿＿＿＿＿
   　　　　　(＿＿＿＿＿) hombres son de Ávila.　　＿＿＿＿＿＿＿＿＿
4. este 　　Aprender español es difícil.　　　　　＿＿＿＿＿＿＿＿＿＿

　　*Talavera de la Reina 「陶器の町」として有名。ここのアートタイルは数々の歴史的建造物に使用された。

⑤ 次の対話を、意味が通じるように結びましょう。

1. ¿Cuál es la capital de Perú?　　　　·　　　·　Es el 7 de julio.
2. ¿Qué es *sashimi*?　　　　　　　　·　　　·　Porque estoy lleno.
3. ¿Cuándo es su cumpleaños?　　　·　　　·　Es muy simpático y elegante.
4. ¿Cuántos coches hay en la calle?　·　　　·　Es un plato japonés de pescado crudo.
5. ¿Por qué no comes?　　　　　　　·　　　·　Vive Fernando con su perro.
6. ¿Cómo es tu padre?　　　　　　　·　　　·　Están en el Museo del Prado.
7. ¿Quién vive aquí?　　　　　　　　·　　　·　Es Lima.
8. ¿Dónde están tus amigos?　　　　·　　　·　Hay seis coches.

Diálogos y Lectura

Diálogos　会話を聞いて、スペイン語を話してみましょう。

CD 1-38
DL 038

1. Entre amigos

Mario：¿Qué es tu padre?

Naomi：Mi padre es abogado. Mi madre también.

Mario：¿Tus padres son abogados?

Naomi：Sí. Son muy parecidos. ¿Y tus padres?

Mario：Mi madre es informática y mi padre es ingeniero. Son del mismo pueblo.

Naomi：¿De dónde son?

Mario：Son de Salamanca.

Naomi：¿Dónde están ahora?

Mario：Mi madre está en casa y mi padre en su trabajo.

CD 1-39
DL 039

¿Quiere más detalle?　職業

agricultor,-a 農民　arquitecto,-a 建築家　camarero,-a ウエイター　dependiente,-a 販売員
empleado,-a サラリーマン　enfermero,-a 看護師　funcionario,-a 公務員　informático,-a 情報処理（IT）技術者
ingeniero,-a エンジニア　médico,-a 医者　periodista ジャーナリスト　policía 警察官　secretario,-a 秘書

CD 1-40
DL 040

2. En la clase

Nicolás：¡Hola! ¿Qué tal estás?

Misaki：¡Hola! Estoy cansada pero bien. Y ¿tú?

Nicolás：Estoy bien, aunque estoy muy ocupado. ¿Cuándo es la charla de la profesora Lago?

Misaki：Es mañana y habla de la literatura latinoamericana.

Nicolás：Además ella es muy buena cocinera, ¿verdad?

Misaki：Sí, a lo mejor habla de la comida también.

CD 1-41
DL 041

3. En una fiesta

Mar：¿Quiénes son estos caballeros, Jorge?

Jorge：Este es Javier y este es Miguel.

Mar：Encantada. Por cierto, ¿qué tomas, Jorge?

Jorge：Tomo unos sándwiches.

Mar：¿De qué son?

Jorge：Uno de jamón York y otro de queso.

Mar：¿Qué tipo de queso?

Jorge：Queso manchego. ¿De quién es esta servilleta?

Mar：Es de Javier.

Javier：Está sin usar. ¡Adelante! ¿Quién toma vino?

Camarero：Este vino es de la Rioja y es tinto. Ese es chacolí*, de Navarra.

*チャコリ、北部の白ワイン

CD 1-42
DL 042

Lectura　次のスペイン語を読んでみましょう。

En la boda　結婚式にて

Hoy es la boda de mi hermana menor. El novio es de Cusco, Perú. Los novios son guapos además, hoy están muy guapos. Ella lleva un vestido de novia, de color crema y blanco. Y el novio un frac. El almuerzo de banquete es elegante y empieza con "entrantes" y luego "primer plato" de mariscos, sorbete de champán, "segundo plato" de carne y postre. Los padres de la novia están muy contentos y los padres del novio están cansados de comer mucho.

☞Suplemento①15. 様々な形容詞 参照

CD 1-43
▶
DL 043

1. 次の会話をペアで読みましょう。

Antonio：¿Qué tal（estás）, Beatriz?

Beatriz：Estoy bien pero nerviosa. ¿Dónde están mis zapatillas?

Antonio：¿Cómo son?

Beatriz：Son blancas.

Antonio：Aquellas zapatillas son blancas. ¿Son aquellas?

2. （　　）の動詞を正しい形にして質問し、囲みの単語を使って答えましょう。

bien,　muy bien,　mal,　muy mal,　regular

1）A：¿Cómo（estar　　　　　　　　）usted?　　B：＿＿＿＿＿＿＿＿＿＿＿＿＿

2）A：¿Qué tal?　　　　　　　　　　　　　　B：＿＿＿＿＿＿＿＿＿＿＿＿＿

3）A：¿（Estar, *tú*　　　　　　　　）bien?　　B：＿＿＿＿＿＿＿＿＿＿＿＿＿

3. 例）を参考に、文を作りましょう。

例）este（gato/negro）　　　　　ese（gato/negro）　　　　　aquel（gato/negro）

a) Este gato es negro.	b) Ese gato es negro.	c) Aquel gato es negro.
☞	☞	☞
a') Este es negro.	b') Ese es negro.	c') Aquel es negro.

este（mujer / Isabel）　　　　　ese（coches / caro）　　　　　aquel（torres / alto）

a)＿＿＿＿＿＿＿＿＿＿＿　　b)＿＿＿＿＿＿＿＿＿＿＿　　c)＿＿＿＿＿＿＿＿＿＿＿

a')＿＿＿＿＿＿＿＿＿＿＿　　b')＿＿＿＿＿＿＿＿＿＿＿　　c')＿＿＿＿＿＿＿＿＿＿＿

4. 質問文を完成させ、下記の表を参照し、それぞれの人について会話しましょう。

〈名前〉　　tú：¿Cómo te llamas?　　　　　　　　　　Yo：Me llamo ～
　　　　　3単：¿Cómo se llama（él/ella/usted）?　　3単：Se llama ～ / Me llamo ～

〈職業〉　　tú：¿Qué eres?　　　　　　　　　　　　　Yo：＿＿＿＿＿＿＿＿＿＿
　　　　　3単：¿＿＿＿＿＿＿＿＿＿＿?　　3単：＿＿＿＿＿＿＿＿＿＿

〈出身〉　　tú：¿De dónde eres?　　　　　　　　　　　Yo：＿＿＿＿＿＿＿＿＿＿
　　　　　3単：¿＿＿＿＿＿＿＿＿＿＿?　　3単：＿＿＿＿＿＿＿＿＿＿

〈容姿や　　tú：¿Cómo eres?　　　　　　　　　　　　　Yo：＿＿＿＿＿＿＿＿＿＿
性格〉　　3単：¿＿＿＿＿＿＿＿＿＿＿?　　3単：＿＿＿＿＿＿＿＿＿＿

〈趣味〉　　tú：¿Cuál es tu hobby?　　　　　　　　　　Yo：＿＿＿＿＿＿＿＿＿＿
　　　　　3単：¿＿＿＿＿＿＿＿＿＿＿?　　3単：＿＿＿＿＿＿＿＿＿＿

名前	Javier	Maribel	Luna	yo
職業	ingeniero	abogado	mascota（gata）	
出身	Zaragoza	Madrid	una caja de un parque	
容姿	alto/guapo	rubio/delgado	elegante	
性格	alegre	serio	caprichoso	
趣味	voleibol	senderismo	echar la siesta	

Unidad 4

CD 1-44
DL 044

1 **Voy a la universidad en autobús.** 私はバスで大学に行きます。

2 **¿Hay un cajero automático? —Sí, hay uno. Está al lado de la puerta.**
ATMありますか？—はい、あります。ドアの隣です。

CD 1-45
DL 045

1 直説法現在・不規則活用 ir「行く」

voy	vamos
vas	vais
va	van

ir a + 場所（〜に行く）

Voy a la universidad todos los días.

ir a + 不定詞　①近い未来（〜つもりだ・だろう・（1複で）〜しましょう）②目的（〜しに行く）

Voy a leer una novela española.　　¡*Vamos* a cantar!　　Juan *va* a la biblioteca a estudiar.

CD 1-46
DL 046

2 hay と estar の使い分け... 存在・所在表現のまとめ

hay ...「不定の（＝聞き手は知らない）ものがある」「あるかないか」を問題にする。（⇒1課）

hay ＋（不定冠詞/数詞/不定語）＋ 名詞 ＋ 場所　　　　　*hay は haber 現在3人称単数形（存在文専用の形）

Hay un restaurante en esta calle.　この通りにレストランがある。

¿*Hay* algún restaurante en esta calle?　この通りにどこかレストランはありますか？

*algún ＜ alguno 何らかの , 何かの (不定語)

estar ...「定の（＝聞き手も知っている）ものは〜にある」「どこにあるか」を問題にする。

（定冠詞/指示詞/所有詞）＋ 名詞 ＋ **estar** ＋ 場所

El restaurante *está* en esta calle.　（その）レストランはこの通りにある。

¿Dónde *está* el restaurante?　（その）レストランはどこにありますか？

*他に固有名詞・人称代名詞なども estar の主語に。

　　Madrid *está* en el centro de España.　　¿*Estás* en casa?

3 主要な前置詞

a [方向・相手・時刻・相対的位置]「へ、に、（人）を」　　*a＋el → al

de [所有・属性・起点・主題]「の、から、について」　　*de＋el → del

en [場所・交通手段・所要時間]「（の中/上）に、で」

con [随伴・道具・手段]「と、で」

para [目的（地）・期限]「ために（の）、行きの、までに」

por [原因・経路・対価・幅のある時間や空間]「によって、を通って、辺り」

desde [起点]「から、以来」　　　　　**hasta** [終点]「まで」

entre [範囲]「の間に」　　　　　**hacia** [おおまかな方向や時間]「の方へ、頃」

Vivo *en* Tokio *con* mi familia.　　　Voy *al* museo *en* metro.

Fernando espera *a* Isabel *en* la estación *para* ir *al* cine.

Le regalamos *a* Carmen una tarta *de* fresa *para* su cumpleaños.

Nagoya está *entre* Tokio y Osaka.　　　　　¿Hay una estación *de* metro *por* aquí?

Tomo el avión *para* Madrid *a* las nueve *de* la tarde.　　　Este avión va *desde* Tokio *hasta* Madrid.

4 主要な位置関係表現

delante de「〜の前に」⇔ detrás de「〜の後ろに」, encima de/sobre「〜の上に」⇔ debajo de「〜の下に」

a la izquierda de「〜の左に」⇔ a la derecha de「〜の右に」

cerca de「〜の近くに」⇔ lejos de「〜から遠くに」

dentro de「〜の内に」⇔ fuera de「〜の外に」, en el centro de「〜の中心に」⇔ alrededor de「〜の周りに」

al lado de/junto a「〜のそば・隣に」, al fondo de「〜の突きあたりに」

① 動詞 ir を直説法現在の正しい形にし、和訳しましょう。また、[　　]内を主語にして文を書き換えましょう。

1. Yo （　　　　　） al médico.　　　　　[vosotros] ＿＿＿＿＿＿＿＿＿＿＿＿

2. ¿（Tú　　　　　） a estudiar esta tarde?　[ellos] ＿＿＿＿＿＿＿＿＿＿＿＿

3. （Nosotros　　　　　　） al bar a tomar tapas.　[Juana] ＿＿＿＿＿＿＿＿＿＿＿＿

② 動詞 estar を直説法現在の正しい形にし、和訳しましょう。

1. Yo （　　　　　） en la librería.　　2. Pablo y yo （　　　　　　） delante de la puerta.

3. Tú （　　　　　） en la biblioteca.　4. Vosotros （　　　　　　） al lado del parque.

5. Carlos （　　　　　） en el comedor.　6. Julia y Carlos （　　　　　） cerca de la oficina.

③ 動詞 haber か estar を直説法現在の正しい形にし、比較しながら和訳しましょう。

1. ¿ （　　　　　　） una estación de metro por aquí?

¿Dónde （　　　　　　） la estación de Nara?

2. （　　　　　　） dos hoteles en la calle Serrano.

Los dos hoteles （　　　　　　） en esa calle.

3. ¿ （　　　　　　） alguien en el despacho?

¿ （　　　　　　） Javier en el despacho?

4. ¿ （　　　　　　） servicios?

¿Dónde （　　　　　　） los servicios?

5. （　　　　　　） un libro de texto en la mesa.

Mi libro de texto （　　　　　　） en la mesa.

CD 1-47
▶
DL 047 ④ 和訳に対応する前置詞を入れましょう。

1. Este actor es famoso （　　　　　　　） los japoneses.　　この俳優は日本人の間で有名です。

2. Ellos hablan （　　　　　） Isabel la Católica.　　彼らは、イサベル女王について話す。

3. Este templo es （　　　　　） madera.　　この寺は木造建築です。

4. Escucho la radio （　　　　　） aprender español.　　私はスペイン語を学ぶためにラジオを聴く。

5. No viene Javier （　　　　　） la gripe.　　ハビエルはインフルエンザで来ません。

6. Voy （　　　） la universidad （　　　　） autobús.　　私はバスで大学へ行く。

7. Caminamos （　　　　　） el centro.　　私たちは中心街に向かって歩きます。

8. Rafael pasea （　　　　　） la playa.　　ラファエルはビーチを散歩します。

9. Visito varios museos （　　　　　） mis padres.　　私は両親と数々のミュージアムを訪問します。

10. Terminamos el asunto （　　　　　） una hora.　　私たちは一時間でその事柄を終えます。

CD 1-48
▶
DL 048 ⑤ 前置詞に注意して和訳しましょう。

1. Voy a Inglaterra por 40 euros.

2. La panadería está a tres minutos a pie.

3. Emilio está de pie.

4. Luis es doctor en Derecho.

5. Leo el periódico por la mañana.

6. Tomo pastillas tres veces al día.

7. ¿Escribes con este bolígrafo?

8. Tenemos que terminar este trabajo para mañana.

Unidad 5

Diálogos　次の会話を聞いて、スペイン語を話してみましょう。

CD 1-49
DL 049

1. ¿Hay un banco por aquí?

Catalina：¡Buenas tardes! ¿Hay un banco por aquí?

Dependiente：No, por aquí no hay. Pero hay un cajero automático cerca de aquí.

Catalina：¿Dónde está el cajero automático?

Dependiente：Está a 20 metros de aquí. Si vas todo recto por esta calle, hay una cafetería. Justo al lado de la entrada de la cafetería está el cajero.

Catalina：Gracias. Adiós.

CD 1-50
DL 050

2. Al aeropuerto de Barajas

Madre：Tu padre va al aeropuerto de Barajas esta tarde.

Hija（Elena）：¿Por qué va allí?

Madre：El tío Lucas va a estar aquí una semana por su trabajo. Por eso lo（le）va a buscar hasta allí.

Hija：¿De dónde viene* esta vez?　　　　　　　　　　　　　　　　*viene < venir

Madre：Pues seguramente de Tailandia.

Hija：Debe de estar muy cansado. Preparo la cama para el tío Lucas y dejo un bombón en la almohada. Luego voy con mi padre, de camino al aeropuerto, hasta la Avenida de América.

Madre：¿Por qué vas a la avenida?

Hija：Porque voy a estudiar con Carmen en la biblioteca, cerca de la avenida.

CD 1-51
DL 051

 Lectura　次のスペイン語を読んでみましょう。

¿Dónde está mi perro?　私の犬はどこにいる？

Hay tres perros en el jardín de mi casa. Son nuestros perros: dos de ellos son de mis padres. Mi perro se llama *Simba* como "el Rey León"*. Pero es un perro muy pequeño y es como un peluche. Por la mañana, baja a la calle conmigo y paseamos alrededor del barrio. Luego hace su vida en varios sitios de nuestra casa. *Simba* esconde sus tesoros detrás del sofá. Así sus juguetes están debajo del sofá. Cada día pasa un buen rato allí. Va al sillón de mi padre para echar la siesta. A la hora de comer, va al lado del frigorífico de la concina porque allí están sus platos. Toma su merienda dentro de su cesta del salón y está un poco sucio. Después de la cena, normalmente estamos delante de la tele y él siempre está entre mis piernas.

*映画「ライオン・キング」のこと

コラム　スペイン人と睡眠

スペインの siesta（昼寝）は有名だが、その時間は休暇中を除くと意外に短い。居間でテレビを見ながらまどろむ、30分ほどベッドで寝る、大学のキャンパス内で寝そべる等、本人仕様のシエスタをする。夜の就寝中はシャッターを下ろすほど暗くすることに気を配るが、シエスタは関係なし。ところで、睡眠中のちょっとした習慣のお話。抜けた子供の歯を枕の下に置いておくと、El ratoncito Pérez（ねずみのペレスさん）がやってきて、お金（主に硬貨）やキャンディー、もしくは何かプレゼントを引き換えに置いて行く。もとは、フランスのお話（諸説あり）だそうだが、『ねずみのペレスの家ミュージアム』はスペイン（マドリッド）にある。本人（ネズミ）によるかどうかはさておき、スペイン人の子供たちは歯が抜けると親や兄弟から「ねずみのペレスは何を持ってきてくれたの？」と尋ねられる。歯の痛みを忘れペレス自慢の話をする子供たちは想像に容易い。

1. 例にならって、会話文を作りましょう。主語tú を usted や vosotros にかえて、質問もしてみましょう。

例）a）tienda：¿A dónde vas? −Voy a la tienda.　　b）comprar：¿Qué vas a hacer? −Voy a comprar.

1）a）biblioteca　　　　　　　　　　　　　　　b）buscar un libro

2）a）museo　　　　　　　　　　　　　　　　　b）ver la exhibición de Velázquez

3）a）taquilla　　　　　　　　　　　　　　　　b）comprar una entrada* de teatro

4）a）oficina de correos　　　　　　　　　　　b）enviar un paquete

5）a）hospital　　　　　　　　　　　　　　　　b）ver a un amigo enfermo

6）a）despacho del profesor　　　　　　　　　b）entregar los deberes al profesor

* billete, boleto, ticket などの表現もある

CD 1-52
▶
DL 052

2. a）例にならって、イラストを見て文章を作りましょう。detrás de, al lado de, debajo de などの表現も使いましょう。

例）Planta：Hay una planta en el cuarto. La planta está delante de la librería. Está muy verde.

Sofá：Hay（　　　　　　）en el cuarto. （　　　　　　）está（　　　　　　）la caja. La caja es blanca.

Bolsos：Hay（　　　　　　）en la habitación. （　　　　　　）están（　　　　　　）la mesa. La mesa es sencilla.

b）イラストを見て、次の問いにスペイン語で答えましょう。

1）¿Dónde está Laura?

2）¿Dónde está su novio?

3）¿Dónde está el móvil de su novio?

4）¿Dónde está el gato?

3. 例）にならって、1～8の人がどこにいるのか、説明しましょう。

例）¿Dónde estás? −Estoy delante de la panadería. / Estoy entre el Bar Ópera y la panadería.

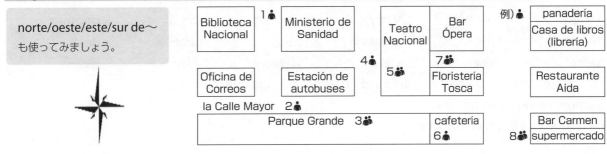

Unidad 5

CD 1-53
DL 053

1 **Pienso ir al cine esta tarde. ¿Quieres venir conmigo? —Si puedo, sí.**
今日の午後映画に行こうと思ってるんだけど。僕と一緒に来たい？ —うん、できればぜひ。

2 **¿Puedo cerrar la ventana? Tengo frío.** 窓を閉めてもいいですか？ 寒いので。

3 **¿Cuánto cuesta? —75 euros.** おいくらですか？ —75ユーロです。

4 **¿Cuántos años tienes? —Tengo veinte años.** 何歳ですか？ —20歳です。

5 **¿Cuántos hermanos tienes? —Tengo un hermano.** 兄弟は何人いますか？ —弟（兄）がひとりいます。

1 **直説法現在・語幹母音変化動詞** （L字型不規則）

規則活用動詞は語尾のみ変化するが、語尾だけでなく語幹母音も変わる動詞もあり、「語幹母音変化動詞」という。

＊直説法現在の語幹の母音変化は①〜③の3つのタイプ

　　　①**e-ie** 型　②**o-ue** 型　③**e-i** 型

　　　アクセントのおかれる語幹（単数形と3人称複数形の計4か所）で母音が変化（L字型不規則）。

＊語尾は規則変化（-ar, -er, -ir それぞれの規則活用語尾）

CD 1-54
DL 054

①**e-ie** 型　　　　　　　　②**o-ue** 型　　　　　　　　③**e-i** 型

querer「したい、ほしい、愛する」　**poder**「できる、してもよい、してくれる」　**pedir**「頼む」

quiero	queremos	puedo	podemos	pido	pedimos
quieres	queréis	puedes	podéis	pides	pedís
quiere	quieren	puede	pueden	pide	piden

querer＋不定詞「〜したい」　　　poder＋不定詞「〜できる、〜してもよい、〜してくれる」

◆例にならって現在形の活用表を作成しましょう。

①型　pensar「考える」　　　　②型　volver「戻る」　　　　③型　repetir「繰り返す」

pienso		vuelvo		repito*	

＊3音節以上の単語は、語尾に一番近い母音が変化する

①型　sentir「残念に思う、感じる」　②型　dormir「眠る」　　　③型　seguir「続ける」

siento		duermo		sigo**	
				sigues	

＊＊1人称単数のみ綴り字に注意！

jugar「遊ぶ、（スポーツを）する」**u-ue** 型（特殊な型）

juego	jugamos
juegas	jugáis
juega	juegan

①型その他：cerrar, empezar, entender, preferir, nevar

②型その他：contar, encontrar, morir, costar, llover

③型その他：medir, servir

2 **直説法現在・語幹母音変化＆1人称単数不規則** （L字型不規則）

CD 1-55
DL 055

tener「持つ」　　　　　　　**venir**「来る」　　　　　　　**decir**「言う」

tengo	tenemos	vengo	venimos	digo	decimos
tienes	tenéis	vienes	venís	dices	decís
tiene	tienen	viene	vienen	dice	dicen

Tengo calor / frío.　　*¿Tienes* hambre / sed / sueño?　　*Tengo* que ir al banco.

Siempre *vengo* aquí en coche.

Dicen que va a llover esta noche.

① 動詞quererを直説法現在の正しい形にし、和訳しましょう。また、[　　]内を主語にして書き換えましょう。

1. ¿Qué（tú　　　　　　　）?　　　　　　　　[vosotros] _____

2. （Yo　　　　　　　）pan con tomate.　　　[nosotros] _____

3. Jesús（　　　　　　）aprender japonés.　　[ellos] _____

② 動詞poderを直説法現在の正しい形にし、和訳しましょう。また、[　　]内を主語にして書き換えましょう。

1. ¿(Usted　　　　　　　）abrir la ventana?　[vosotros] _____

2. ¿Dónde（yo　　　　　　）comprar turrones?　[tú] _____

3. Ellos（　　　　　　）ir al cine con nosotros.　[ella] _____

③ 動詞pedirを直説法現在の正しい形にし、和訳しましょう。また、[　　]内を主語にして書き換えましょう。

1. ¿(Tú　　　　　　　）un café con leche?　[ustedes] _____

2. （Yo　　　　　　　）disculpa.　　　　　[nosotros] _____

3. Ella（　　　　　　）diez días de vacaciones.　[ellos] _____

④ 次の対話を、意味が通じるように結びましょう。

1. ¿Tienes calor?　　　　·　　　· Perdón. Para otro momento. Tengo fiebre.

2. ¿Estás bien?　　　　·　　　· Es pequeña pero tiene un jardín bonito.

3. ¿Vas a estar en casa?　·　　　· No, no tengo.

4. ¿Cómo es tu casa?　　·　　　· No, tengo dolor de garganta. ¿Tienes agua?

5. ¡Vamos de copas!　　·　　　· Sí, porque tengo que arreglar el garaje.

⑤ 2人の会話が成立するように、（　　）内の動詞を直説法現在の正しい形にし、文を完成させましょう。

1. ¿Cuántas veces（repetir, tú　　　　　　）?　　–Quiero repetir más porque tengo mucha hambre.

2. ¿(Entender　　　　　）la frase?　　　　–Esta frase es muy difícil para ellos.

3. ¿A qué hora（volver　　　　　）a casa?　　–María a las ocho y Jorge a las nueve.

4. Mi abuela está en el hospital.　　　–¡Cuánto lo（sentir, yo　　　　　）!

5. ¿Cuántas horas（dormir, él　　　　）al día?　–Duerme seis horas.

6. ¿En qué（pensar, tú　　　　　）?　　　– (　　　　　) en mi novia.

7. La idea nuestra no es buena.　　　– (Ir, nosotros　　　　　) a pensar de nuevo.

8. ¿Quieres pedir algo?　　　　–Sí, (querer　　　　　) una tortilla.

9. ¿No（poder, vostros　　　　）trabajar más?　–No, estamos muy cansados.

10. ¿Cuánto（costar, la pelota　　　　）?　　–Cuesta 10 euros.

11. ¿(Servir, yo　　　　）ya la comida?　　–Sí, por favor.

12. ¿(Cerrar, tú　　　　）la ventana?　　　–Vale.

13. ¿Dónde están mis gafas?　　　–¿No las[1]（encontrar,　　　　）?

14. ¿(Entender, usted　　　　）lo que te digo[2]?　　–No, no（entender　　　　）nada.

15. ¿Qué（decir　　　　）mamá?　　　– (Decir　　　　) que tiene prisa.

1）それを　2）君に言っていること

CD 1-56

DL 056

⑥ ¿Qué hora es? の質問に対し、スペイン語で数を入れ、和訳しましょう。

1. Son las（7　　　　　）de la mañana.

2. Son las（4　　　　　）y cuarto de la tarde.

3. Son las（11　　　　　）y media de la noche.

4. Es la（1　　　　）en punto.

5. Son las（6　　　　）menos（10　　　　　）.

Diálogos　次の会話を聞いて、スペイン語を話してみましょう。

CD 1-57
DL 057

1. En la clase

Maestra：¿Cuántos hermanos tienes?

Alumna：Tengo dos, un hermano mayor y una hermana menor. Somos tres hermanos.

Maestra：¿Sois buenos amigos? ¿Jugáis juntos?

Alumna：Tenemos buena relación. Pero no jugamos juntos ya.

Maestra：¿No?

Alumna：Mi hermano empieza la universidad y vuelve muy tarde.

CD 1-58
DL 058

¿Quiere más detalle?　家族

| padre　madre　hijo,-a　tío,-a　abuelo,-a　suegro,-a　marido　mujer　esposo,-a　novio,-a |
| hermano,-a mayor　hermano,-a menor　primo,-a　nieto,-a　sobrino,-a　padrino　madrina |

CD 1-59
DL 059

2. ¿Qué queremos hacer?

Tío Lucas：¿Qué queréis hacer esta noche?

Elena：Raquel y yo queremos ir al centro comercial. ¿Vienes con nosotras?

Tío Lucas：Bueno…

Elena：El centro comercial tiene un cine también. Esta tarde, primero vamos a comprar unas zapatillas deportivas y luego por la noche, vamos al cine. "El Episodio IX", ya está en el cine.

Raquel：¿No hay otra opción, Elena? Como es tan larga la historia, ya no la sigo ni la entiendo.

Tío Lucas：¿Todavía sigue la historia? Esa es la serie de "La Guerra de las Galaxias", ¿verdad?

Elena：Así es, tío Lucas. ¿Qué podemos ver…?

Tío Lucas：¿Por qué no vamos a alquilar todos los DVDs de la serie y ver desde el primero?

CD 1-60
DL 060

¿Quiere más detalle?　序数

| I primero | II segundo | III tercero | IV cuarto | V quinto |
| VI sexto | VII séptimo | VIII octavo | IX noveno | X décimo |

Planta I (planta primera, 1ª)　Edificio II (edificio segundo, 2º)

3.er piso (tercer piso)　Carlos V de Alemania （Carlos quinto）

CD 1-61
DL 061

Lectura　次のスペイン語を読んでみましょう。

La Península Ibérica　イベリア半島

España y Portugal están situados en la Península Ibérica. El territorio de España no es solo en la península sino en África：Ceuta y Melilla. España cuenta con dos archipiélagos：las Islas Baleares y las Islas Canarias.

Tiene cuatro idiomas oficiales：el castellano (el español), el catalán, el gallego y el euskera[1]. El castellano se usa indistintamente[2] para designar la lengua común de España y de los 19 países hispanoamericanos[3]. El catalán se habla en Catalunya (Cataluña), el gallego en Galicia, el euskera en el País Vasco y Navarra. Hoy en día los jóvenes que viven en dichas comunidades autónomas, muchos, no hablan solamente su idioma sino también el castellano. En el resto de España, en general solo se habla el castellano.

Casi todos los países latinoamericanos menos en Brasil, se habla el español. Hay más hispanohablantes en Latinoamérica que en España.

1) 標準スペイン語では el vasco　2) スペイン語もしくはカスティーリャ語は同義語として使われる

3) Suplemento①3. 国名と地名形容詞 ◇スペイン語圏の国・地域 参照
Hispanoamérica の19の国々

Práctica

1. Aは動詞 querer を直説法現在の正しい形にして質問し、Bは querer と囲みの中の単語を使って答えましょう。

una botella de agua, pañuelos, hacer deporte, hacer turismo

1) A：¿Qué (tú   )?　　B：(Yo   ) _____.

2) A：¿Qué (vosotros   )?　　B：(Nosotros   ) _____.

CD 1-62
DL 062

2. 数（20〜101）をスペイン語表記し、発音しましょう。

20 _____	21 _____	22 _____	23 _____
24 _____	25 _____	26 _____	27 _____
28 _____	29 _____	30 _____	31 _____
32 _____	33 _____	34 _____	35 _____
40 _____	50 _____	60 _____	70 _____
80 _____	90 _____	100 _____	101 _____

3. 質問文を完成させ、下記の表を参照し、それぞれの人について会話しましょう。

〈外見〉　　tú：¿Cómo eres?　　　　　　　　　　　　　Yo：Tengo el pelo corto.
　　　　　　3単：¿Cómo (　　　　　　　) (él/ella/usted)?　3単：Tiene 〜 / Tengo 〜

〈身長〉　　tú：¿Cuánto mides?　　　　　　　　Yo：_____
　　　　　　3単：¿Cuánto (　　　　　　)?　　　　3単：_____

〈睡眠時間〉　tú：¿Cuántas horas duermes?　　　Yo：_____
　　　　　　3単：¿Cuántas horas (　　　　　)?　3単：_____

〈スポーツ〉　tú：¿A qué juegas?　　　　　　　　Yo：_____
　　　　　　3単：¿A qué (　　　　　)?　　　　　3単：_____

〈年齢〉　　tú：¿Cuántos años tienes?　　　　　Yo：_____
　　　　　　3単：¿Cuántos años (　　　　)?　　3単：_____

〈兄弟〉　　tú：¿Cuántos hermanos tienes?　　Yo：_____
　　　　　　3単：¿Cuántos hermanos (　　　　)?　3単：_____

人物	外見	身長	睡眠時間	スポーツ	年齢	兄弟
Yo	pelo corto					
María	ojos marrones	1'60*	8h	tenis	34	no/hija única
Javier	nariz grande	1'85	6h	béisbol	22	un hermano

*1'60 →1m60cm = uno sesenta と表現する（1.60 とも表記が可能）

4. 下記の表を参照し、ペアで会話しましょう。

〈目的地〉　tú：¿A dónde vas?　　　　　　　　　　Yo：Voy a la biblioteca.
　　　　　　3単：¿A dónde va (él/ella/usted)?　　3単：Va〜 / Voy 〜

〈誰と〉　　tú：¿Con quién vas?　　　　　　　　Yo：_____
　　　　　　3単：¿Con quién va?　　　　　　　3単：_____

〈到着手段〉　tú：¿Cómo vas?　　　　　　　　　Yo：_____
　　　　　　3単：¿Cómo va?　　　　　　　　　3単：_____

〈行く理由〉　tú：¿Por qué vas?　　　　　　　　Yo：_____
　　　　　　3単：¿Por qué va?　　　　　　　　3単：_____

quién	destino	compañero	manera de llegar	razón de visita
Yo				
María	biblioteca	Marta	a pie	buscar libros
Javier	Teotihuacán	solo	en autobús	querer conocer la cultura maya

Unidad 6

Repaso 2　Unidad 4-6

① 動詞 ser, estar を直説法現在の正しい形にして入れ、文を完成させましょう。

1. Carmen（　　　　　）de España y José（　　　　　）de Costa Rica.
2. Carmen y José（　　　　　）en China ahora.
3. ¿Dónde（　　　　　）el libro de texto?
4. ¿Qué hora（　　　　　）?
5. ¿El libro de texto（　　　　　）de María?
6. ¿De quién（　　　　　）el libro de texto?
7. ¿De dónde（　　　　　）ustedes?
8. ¿De qué color（　　　　　）esas flores?
9. ¿Cómo（　　　　　）tu padre? –Mi padre（　　　　　）alto y calvo.
10. ¿Cómo（　　　　　）tus padres? –（　　　　　）muy bien.
11. ¿Cuál（　　　　　）tu número de teléfono?
12. La tarta（　　　　　）de manzana.
13. La tarta（　　　　　）en el frigorífico.
14. Shizuka（　　　　　）muy guapa con el kimono.
15. Misaki, Shizuka y Yuko（　　　　　）guapas.

② 1. María と José は知り合いではありません。紹介しましょう。

Yo：María,（　　　　　）es José.　　　Yo：José,（　　　　　）es María.

　2. Sra. Tanaka と Prof. Gómez は知り合いではありません。紹介しましょう。

Yo：Sra. Tanaka,（　　　　　）es el Prof. Gómez.　Yo：Prof. Gómez,（　　　　　）es la Sra. Tanaka.

③ （　　）に適切な指示形容詞を入れましょう。

1. （　　　　　）flores　　　　　（この）　　5. （　　　　　）problemas　　　（あの）
2. （　　　　　）edificio　　　　（その）　　6. （　　　　　）idioma　　　　　（この）
3. （　　　　　）profesores　　　（あの）　　7. （　　　　　）universidades　（あの）
4. （　　　　　）coche　　　　　（その）　　8. （　　　　　）dependiente　　（この）

④ 1. 指示代名詞を使って、指されているものが何か、スペイン語で答えましょう。

a. ☞ ☕　　　　　　　b. ☞ 🍰🍰　　　　　c. ☞ 🍫
　コーヒー　　　　　　　　ケーキ　　　　　　　　　チョコレート

a. 例）Este es un café.
b. _____
c. _____

　2. 1.の a. b. c. について、疑問詞と指示代名詞を使って、疑問文を作りましょう。

a'. _____
b'. _____
c'. _____

　3. 1.の a. b. c.の解答文に対し、¿De quién ～? と質問し、ペアで会話しましょう。

a. A：¿De quién es este café?　　　　B：Es de ～.
b. A：_____　　B：_____
c. A：_____　　B：_____

CD 1-63
DL 063

⑤（　　）に適切な前置詞を入れましょう。

1. Esta carta es（　　　　　　　　　）María.　（マリア宛）
2. Esta carta es（　　　　　　　　　）José.　（ホセの、ホセから）
3. Tengo que hacer los deberes（　　　　　　　　　）mañana.　（明日までに）
4. Hago los deberes（　　　　　　　）la mañana.　（午前中に）
5. Voy a la universidad（　　　　　　　）tren.　（〜で）
6. Escribo una carta（　　　　　　　）el bolígrafo.
7. Hablamos（　　　　　　　）teléfono.
8. Viajamos（　　　　　　　）Europa.　（欧州を）
9. Salimos（　　　　　　　）Granada.　（グラナダに向かって）
10. Voy（　　　　　　　）España.　（スペインへ）

CD 1-64
DL 064

⑥ 動詞tener, venir, traer, llevar, ir を直説法現在の正しい形にして入れ、教室での会話を完成させましょう。

Ana：José, ¿mañana（　　　　　　　　）a la clase?
José：Sí, pero primero（　　　　　　　　）a la librería y luego（　　　　　　　）aquí.
Ana：¿Por qué（　　　　　　）que（　　　　　　　）a la librería?
José：Tengo un libro reservado. Lo*（　　　　　　　）a pagar.
Ana：¿Qué libro es?
José：Mañana lo（　　　　　　　）aquí.
Ana：Por cierto, ¿le（　　　　　　）estos papeles al profesor?

*それを

⑦ 動詞querer, poder, pedirを使い、スペイン語に訳しましょう。

1. 私達は入場券（entrada）が3枚欲しい。
2. 私は入場券を一枚買いたい。
3. 君たちはサッカーをすることができます。
4. 君は明日来てくれますか？
5. 彼らは食べ物（comida）を注文します。

CD 1-65
DL 065

⑧ 次の家系図を見て、（　　）に適切な親族関係の単語を入れましょう。

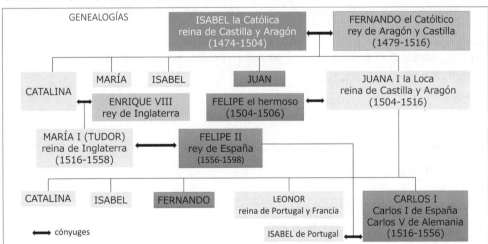

Isabel I de Castilla es famosa por ser la protectora de Cristóbal Colón y la（　　　　　　　　　）de Fernando, el rey de Aragón. Ellos son（　　　　　　　　　）y tienen cinco（　　　　　　　　　）. Pero todos los hijos menos Juana viven menos de 50 años. A Juana también se la conoce como "Juana la Loca" y su vida es como un drama. Es la（　　　　　　　）de Carlos V del Sacro Imperio Romano Germánico[1], Carlos V de Alemania, y reina en España como Carlos I. María I de Inglaterra es la（　　　　　　　）de Carlos I. El（　　　　　　　）de María I es Enrique VIII y su madre es Catalina. Catalina y Juana son（　　　　　　　）. En otras palabras, Juana es la（　　　　　　　）de María I y María I es la（　　　　　　　）de Juana. Después de Carlos I, su（　　　　　　）Felipe le sucede en el trono como Felipe II. Su poder junto con la Armada Invencible y como gobernador de《el Imperio en el que nunca se pone el sol[2]》es famoso en la historia.

1）神聖ローマ帝国　2）太陽の沈まぬ帝国

Repaso 2

CD 1-66
DL 066

1 ¿Esta bicicleta es tuya? —No, no es mía. Es de mi hermana.
　この自転車は君のですか？ ーいいえ、私のではありません。姉のです。

2 ¿Qué haces? —Veo la televisión.　君は何をしているの？ ー私はテレビを見ています。

3 ¿Sabes que tenemos un examen de español?　僕たちはスペイン語の試験があるって知ってる？

1 所有形容詞・後置形

	単数	複数
1人称	**mío**（-a,os,as）　私の	**nuestro**（-a,os,as）私たちの
2人称	**tuyo**（-a,os,as）　君の	**vuestro**（-a,os,as）君たちの
3人称	**suyo**（-a,os,as）彼/彼女/あなたの	**suyo**（-a,os,as）　彼ら/彼女たち/あなた方の

語尾 **-o** は修飾する名詞（所有物）の性数に一致し、**-o,a,os,as**。名詞の前以外では後置形。
定冠詞＋後置形で「〜のもの」（所有代名詞）。省略された名詞に性数一致。

unos libros *míos*　　　　esa casa *vuestra*　　　　　　　　　　　　　[名詞＋後置形]

Este sombrero es *suyo*. Esta chaqueta es *suya*.（*主語に性数一致）　[ser＋後置形]

Tu casa es grande, pero *la mía* es pequeña.　　　　　　　　　[定冠詞＋後置形]

CD 1-67
DL 067

2 直説法現在・不規則活用・1人称単数不規則型

hacer「する、作る」　　　　　　　**salir**「出る、出かける」　　　　　　**poner**「置く」

hago	hacemos	**salgo**	salimos	**pongo**	ponemos
haces	hacéis	sales	salís	pones	ponéis
hace	hacen	sale	salen	pone	ponen

traer「持ってくる」　　　　　　　**conocer***「（直接体験して）知る」　　**saber**「（知識として）知る」

traigo	traemos	**conozco**	conocemos	**sé**	sabemos
traes	traéis	conoces	conocéis	sabes	sabéis
trae	traen	conoce	conocen	sabe	saben

*母音 ＋ cer/cir型　　　conducir → conduzco,　　　producir→produzco,　　　parecer→parezco

以下は2人称複数のアクセント符号が落ちる

ver「見る、見える」　　　　　　　**dar**「与える」

veo	vemos	**doy**	damos
ves	veis	das	dais
ve	ven	da	dan

CD 1-68
DL 068

3 直説法現在・不規則活用・y挿入型 （L字型不規則）

oír「聞く、聞こえる」　　　　　　**construir**「建設する」（-uir型*）

oigo	oímos	construyo	construimos
oyes	oís	construyes	construís
oye	oyen	construye	construyen

* huir, incluir 等も同タイプ

4 conocer と saber：2つの「知る」

conocer：直接体験して知る　　　　　　Conozco a Javier.　　　　　　¿Conoces Madrid?

saber：知識や情報として物事を知る　　Sé que Javier es venezolano.　　¿Sabes dónde está Alicante?

5 saber と poder：2つの「できる」

saber ＋ 不定詞：能力や技能としてできる　　Sabemos nadar.

poder ＋ 不定詞：状況的に可能である　　　　Hoy la piscina está abierta. Podemos nadar.

CD 1-69
DL 069

① （　　　）内の指示に従って、適切な所有形容詞または所有代名詞を入れ、会話を完成させましょう。

（スポーツクラブで Beatriz, Ana, Carlos が話しています。Ana と Carlos は一緒に住んでいます。）

Ana：¿De quién es esta toalla?

Beatriz：Es (私の　　　　　　　　　　). Ana y Carlos, ¿este gel de ducha es (君たちの　　　　　　　　　　)?

Ana y Carlos：No, no es (　　　　　　　　). (私たちの物　　　　　　　　) es de otra marca.

Beatriz：Hay un chándal* gris pero no es mío. Carlos, ¿es (君の　　　　　　　)?

Carlos：No, (私の物　　　　　　　) es negro. Ana, (君の物　　　　　　　) es gris, ¿verdad?

Ana：Sí. Carlos, ¿de quién son estas zapatillas deportivas?

Carlos：No son (私の　　　　　　　). Son de Julián. Aunque (私の物　　　　　　) son iguales

que (彼の物　　　　　　　).　　　　　　　　　 *conjunto deportivo とも言う

② 動詞 hacerを直説法現在の正しい形にしましょう。また、[　　　] 内を主語にして書き換えましょう。

1. Yo （　　　　　　　） mis deberes.　　　　[nosotros] _____

2. Hugo （　　　　　　　） un papel importante.　[tú] _____

3. Ella （　　　　　　　） una pizza muy buena.　[Julia y Marco] _____

③ 動詞 salirを直説法現在の正しい形にしましょう。また、[　　　] 内を主語にして書き換えましょう。

1. Yo （　　　　　　　） de casa a las seis.　　　[vosotros] _____

2. ¿ (Tú　　　　　　　） a pasear?　　　　　　[ellos] _____

3. (Nosotros　　　　　　　） ahora para llegar a tiempo.　[Marcos] _____

④ 動詞 ponerを直説法現在の正しい形にしましょう。また、[　　　] 内を主語にして書き換えましょう。

1. ¿Dónde (yo　　　　　　　） el paraguas?　[vosotros] _____

2. (Tú　　　　　　　） el despertador.　　　[usted] _____

3. Carla （　　　　　　　） la mesa.　　　　[ellos] _____

⑤ 動詞 traerを直説法現在の正しい形にしましょう。また、[　　　] 内を主語にして書き換えましょう。

1. (Yo　　　　　　　） una tarta de chocolate.　[nosotros] _____

2. Los amuletos （　　　　　　） buena suerte.　[tocar madera] _____

3. Los Reyes Magos nos （　　　　　） regalos.　[tú] _____

⑥ 動詞 ver, oír を直説法現在の正しい形にし、和訳しましょう。

1. Voy a Salamanca y (ver　　　　　　） a mi profesor.

2. (Ver, *nosotros*　　　　　　） a Carmen bailar flamenco.

3. (Oír, *yo*　　　　　　） a Paco tocar la guitarra.

⑦ 動詞 saber または conocer を直説法現在の正しい形にし、和訳しましょう。

1. (Yo　　　　　　） a María.　　　　　2. ¿ (Usted　　　　　　） dónde está Nara?

　(Yo　　　　　　） la dirección de María.　¿ (Usted　　　　　　） Nara?

⑧ 動詞 saber または poder を直説法現在の正しい形にし、和訳しましょう。

1. (Yo　　　　　　） conducir, pero hoy no (yo　　　　　　） porque no tengo mis gafas.

2. Hoy hay un concierto en el Parque Güell. (Nosotros　　　　　　） escuchar música clásica.

3. (Él　　　　　　） nadar, pero como no tiene bañador no (él　　　　　　）.

Diálogos y Lectura

Diálogos 会話を聞いて、スペイン語を話してみましょう。

CD 1-70
DL 070

1. En el autobús

Señora：¡Hola! ¿Este autobús es para El Escorial?

Chofer：Sí. ¿Tiene usted ya la reserva?

Señora：Sí. Aquí tiene la reserva impresa.

Chofer：A ver… Sí, está su nombre en la lista. ¿Este es su equipaje de mano?

Señora：Sí, es mío. El mío siempre pesa mucho.

Chofer：¿Le ayudo* a subir?　　　　　　　　　　　*（あなたを）お手伝いしましょうか？

Señora：Sí, por favor.

　　　　　（Dentro del autobús）

Chofer：A ver, ¿de quién son estas mochilas? Hace falta espacio para dejar el equipaje de mano.

Pasajero A：Perdón. Esta es mía. Pero la otra no es mía. ¿Puedo dejar la mía en un asiento libre?

Chofer：Claro que sí. Gracias por su colaboración, así la señora puede dejar el suyo.

CD 1-71
DL 071

2. ¿Qué hace mi gato?

Juana：Mamá, ¿sabes dónde está mi gato?

Madre：Acabo de ver a tu gato en la entrada.

Juana：¿Qué hace allí?

Madre：Pues no tengo ni idea.

Juana：Voy a ver qué hace. Si hace falta, le[1] doy de comer.

Madre：¿Qué vas a hacer luego?

Juana：Voy a devolver un libro de Ana. El libro no está en la mesa. ¿Sabes dónde está?

Madre：Siempre me[2] preguntas ¿dónde está? Sé organizar cosas pero no soy tu secretaria.

1）彼に　2）私に

CD 1-72
DL 072

3. ¿Qué tiempo hace?

Juan：¿Qué tiempo hace hoy?

Madre：El hombre del tiempo dice que va a hacer buen tiempo mañana pero hoy va a llover. ¿Necesitas paraguas o chubasquero?

Juan：Sí, voy a llevar un paraguas. ¿Sabes dónde está el mío?

Madre：Sí, el tuyo está en la entrada.

Juan：No sé si tengo un chubasquero. Tengo una chaqueta impermeable pero no sé dónde está.

Madre：Sé dónde está la chaqueta tuya.

Juan：¿Me* la traes?, por favor.　　　　　　　　　　　*私に

CD 1-73
DL 073

Lectura 次のスペイン語を読んでみましょう。

Un día　ある家族の一日

El señor Márquez se llama Juan y su mujer se llama Eva. Evita y Juanito son sus hijos. Juanito es diminutivo de Juan y Evita de Eva. Poner el nombre del padre o de la madre a sus hijos es una costumbre española de hace tiempo[1] y la familia sigue la tradición. Eva prepara el desayuno para todos y un bocadillo para Juanito a las 6 de la mañana.

Luego todos salen a las 7 juntos en coche, primero Juan y Juanito bajan en la estación de metro y toman el tren para el trabajo o para la universidad, y luego Evita baja delante del colegio. Cuando Eva vuelve a casa, hace las tareas de la casa y vuelve a salir. Porque ve a sus amigas a las 11 en un bar cerca del mercado grande para almorzar juntas. Luego hace la compra y trae alimentos frescos del mercado en coche y recoge a Evita. A las 2 de la tarde, cuando la comida está hecha, vuelve Juan con una barra de pan y comen los tres juntos. Como Juanito lleva su bocadillo, no vuelve a casa para comer. Después de la comida Evita se echa una siesta[2] y Juan vuelve a trabajar a las 4 y media. A las 8, todos están en casa y salen a pasear. En los bares del barrio encuentran a sus amigos. Charlan y toman tapas con ellos. Después a eso de las 9 vuelven a casa y cenan antes de ir a dormir.

1）以前の、何年も前の　2）se echa＜echarse　昼寝をする

1. 次の表を参照し、「私」の一週間の予定を、（　　　）内の動詞を使って、文章にしましょう。

	lunes	martes	miércoles	jueves	viernes	sábado	domingo
a. m.	exhibición de Goya (ir)		ejercicios deportivos (hacer)	fútbol con amigos (jugar a)		Alcázar de Segovia (visitar)	turismo al pueblo (hacer)
p. m.		clase de francés (tener)		una vuelta con Sara (dar)	Segovia (viajar a)	tapas con Ana (ir de)	casa (volver a)

例）月曜日：El lunes voy a la exhibición de Goya por la mañana.

火曜日：_____

水曜日：_____

木曜日：_____

金曜日：_____

土曜日：_____

日曜日：_____

CD 1-74
DL 074

2. （　　　）に動詞 ver, dar, oír, construir, incluir, hacer の適切な直説法現在を入れましょう。（重複可）

Nosotros （　　　　　　　） turismo en el casco antiguo de la ciudad. Dejamos el coche en un parking cerca del acueducto, allí donde está la oficina de turismo. La chica de la oficina nos （　　　　　） un plano de la ciudad y también nos enseña qué es lo que tenemos que ver. （Nosotros　　　　　　） música en la calle con un ambiente medieval. En el camino al Alcázar, （nosotros　　　　　　） la Catedral. En el Alcázar de Segovia, se venden entradas de varios tipos："Entrada completa", "Palacio y Museo", "Torre de Juan II" y "Especial". La "Entrada completa" y "Palacio y Museo" （　　　　　） lugares importantes pero solo "Palacio y Museo" no （　　　　　） la torre. La entrada "Torre de Juan II" es solo para la torre. La "Especial" es para discapacitados o grupos numerosos. Conocer estos lugares es interesante. ¡Cómo （ellos　　　　　　） estos edificios!

3. 天候関連の会話に、スペイン語で答えましょう。

1）¿Cómo es el tiempo de hoy/Japón?

2）¿Qué tiempo hace hoy?

3）¿A cuántos grados estamos?

4）¿Tienes frío? / ¿No tienes calor?

5）¿Qué tiempo hace en Japón en junio?

¿Quiere más detalle?　天候の表現

◆ **hacer** を使った天候表現
- hace ＋ buen/mal tiempo.（calor, frío, fresco, viento, sol, niebla, tormenta, etc.）
- hacer 気温 grados

◆3人称単数を使った天候表現
llover ⇒ llueve　nevar ⇒ nieva　granizar ⇒ graniza　relampaguear ⇒ relampaguea　tronar ⇒ truena

◆ **estar** を使った天候表現
- estar ＋ 形容詞（nublado, templado, despejado）　　・estar a 気温 grados

◆ **haber, tener** を使った 表現やその他の天候関連用語
- hay ＋ sol.（viento, humedad, truenos, rayos, relámpagos, niebla, tormenta, tifón, etc.）
暑さや寒さを感じるとき　tener calor/frío
気候の性質　árido cálido, húmedo, clima mediterráneo, clima de la selva tropical, etc.
雨季や乾季　época de lluvia/sequía　　季節　primavera, verano, otoño, invierno
その他　　chubasco, tornado

Unidad 7

CD 1-75

DL 075

1 **¿Conoces al profesor Rivas? —Sí, lo conozco.** 君はリバス先生を知っていますか？ －はい、知っています。

2 **¿Me das el libro? —No, no te lo doy.** その本、私にくれる？ －いいえ、あげません。

¿Le das el libro a Juan? —Sí, se lo doy. その本フアンにあげるの？ －はい、あげます。

3 **Me gusta el fútbol. ¿A tí te gusta? —A mí también.**
私はサッカーが好きです。君は好きですか？ －僕も好きです。

CD 1-76
DL 076

1 人称代名詞・目的格

直接目的格「～を」

	単数		複数	
1人称	**me**	私を	**nos**	私たちを
2人称	**te**	君を	**os**	君たちを
3人称	**lo** 彼/あなた/それを **la** 彼女/あなた/それを		**los** 彼ら/あなた方/それらを **las** 彼女たち/あなた方/それらを	

間接目的格「～に」

	単数		複数	
1人称	**me**	私に	**nos**	私たちに
2人称	**te**	君に	**os**	君たちに
3人称	**le** 彼/彼女/あなた/ それに　　****se**		**les** 彼ら/彼女たち/ あなた方/それらに　****se**	

中性形 **lo**「そのことを」

1）物を指して「それ（ら）を」という場合（物＝3人称）、名詞の性数に一致。
　　¿Quieres esta foto? —Sí, *la* quiero.

2）「に -を -活用動詞」の語順。
　　¿*Me* mandas la foto? –Sí, *te la* mando. / No, no *te la* mando.
　　　　　　　　　　　　　　　　　　　＊ただし **Voy a mandár*tela*.**（「不定詞 -に -を」）

3）「（3人称）に」＋「（3人称）を」のとき、3人称の間接目的格 **le / les** は **se**（表**印）になる。
　　¿*Le* mandas la foto a María? –Sí, *se la* mando. / No, no *se la* mando.
　　　　　　　　　　　　　　　　　　　＊3人称の間接目的格は重複することが多い。

4）スペインでは人を表す男性形の直接目的格 **lo, los** の代わりに **le, les** がよく用いられる。***Le* visito.** ＝ ***Lo* visito.**

5）内容を指して「そのことを」という場合は3人称単数の中性形 **lo** を用いる。**No *lo* sé.**

CD 1-77
DL 077

2 gustar（～が好きだ、...に～が気に入る）型構文

人に＜間接目的語＞＋**gustar**＋物が＜主語＞　「...（人）は ～（物）が好きだ」

1）動詞は主語、すなわち、物に一致する。
　　Me gusta la música.　　　　**Me gustan los perros.**

2）「～することが好きだ」の場合は動詞の不定詞が主語（3人称単数扱い）。
　　Me gusta viajar.　　　　　　**Me gusta cantar y bailar.**

3）人は人称代名詞・間接目的格（ me, te, le, nos, os, les ）で表す。
　　¿Os gusta el vino español? –Sí, nos gusta.

4）人を強調/明示したい時は、**a** ～「～に（とって）」を人称代名詞・間接目的格の前に置く。
　　この場合も gustar の前の人称代名詞・間接目的格は省略できない。
　　***A María* no *le* gusta la comida japonesa, pero *a mí* sí.**

5）gustar 以外にも同じ構文をとる動詞がある。
　　Me duele el estómago.　　　　＊doler 痛む（o→ue）

> gustar 型動詞の例：
> apetecer, encantar, doler,
> importar, interesar, parecer

3 人称代名詞・前置詞格（前置詞の後の形）

mí	nosotros（-as）	conmigo（← con＋mí）
ti	vosotros（-as）	contigo（← con＋ti）
él / ella / usted	ellos / ellas / ustedes	

A mí me gusta el chocolate.　　　　Este café es *para ti*.
¿Puedes venir *con nosotros*?　　　　¿Puedes venir *conmigo*?

> 再帰代名詞・前置詞格
> 3人称形は sí, con と共
> に consigo となる

① 例）にならって、（　）に人称代名詞、［　］に直説法現在を入れ、さらに人称代名詞を使った文を作りましょう。

例）Yo（君に　te）［pedir　pido］un favor.　→ Yo te lo pido.

1. Tú（彼らに　　　）［prestar　　　　］unas camisetas a ellos.　→＿＿＿＿＿＿＿＿＿＿＿
2. Luisa（私に　　　）［dar　　　　　　］una entrada.　→＿＿＿＿＿＿＿＿＿＿＿
3. Nosotros（あなたに　　　）［enviar　　　　］el paquete a usted.　→＿＿＿＿＿＿＿＿＿＿＿
4. Ellos no（私たちに　　　）［dejar　　　　］pasar.　→＿＿＿＿＿＿＿＿＿＿＿

② 例）にならって、（　）に人称代名詞・直接目的格を入れた疑問文を作り、答えましょう。

例）¿Haces los deberes?　→¿（ Los ）haces?　Sí, （ los ）［ hago ］.

1. ¿Preparas la comida?　→¿（　　　　）preparas?　No, no（　　　　）［　　　　］.
2. ¿Buscáis al señor Calvo?　→¿（　　　　）buscáis?　Sí, （　　　　）［　　　　］.
3. ¿Buscan ellos a María?　→¿（　　　　）buscan?　No, no（　　　　）［　　　　］.
4. ¿Buscan ustedes los mapas?　→¿（　　　　）buscan?　Sí, （　　　　）［　　　　］.

③ 例）にならって、（　）に下線部に相当する人称代名詞を入れ、［　］に直説法現在を入れて答えましょう。

例）¿Cómo（ os ）mando estos libros a ti y a tu mujer?（ Nos ）（ los ）［ mandas ］por avión.

1. ¿（　　　　）compráis patatas fritas a tus hijos?　Sí, （　　　）（　　　）［　　　　］.
2. ¿Cuándo（私に＿＿＿＿）regalas un coche?　（　　　）（　　　）［　　　　］en tu cumpleaños.
3. ¿Quién（　　　）recomienda esta comida a usted?
　　　　　　　　　　　　　　　　　（　　　）（　　　）［　　　　］Ferrán Adrià.
4. ¿Qué（　　　）parece a ti tener una pausa ahora?
　　　　　　　　　　　　　　　　　（　　　）［　　　　］buena idea.

④ 例）にならって、（　）の指示に従い、［　］に人称代名詞・目的格を、（　）に適切な直説法現在を入れ、さらに語順をかえて書きましょう。

例）¿Vas a comprar un vaso a María?（Sí）　Sí, ［se］［lo］（voy）a comprar. → Sí, voy a comprárselo.

1. ¿A quién va a dar usted el libro?　（a ti）　［　］［　］（　　）a dar.→＿＿＿＿＿＿＿＿＿＿＿
2. ¿A quién puedes pedir un favor?　（a Ana）　［　］［　］（　　）pedir a Ana. →＿＿＿＿＿＿＿＿＿＿＿
3. ¿Me tienes que decir la verdad?　（Sí）　Sí, ［　］［　］（　　）que decir. →＿＿＿＿＿＿＿＿＿＿＿
4. ¿Quieres mandar las fotos a José?（No）　No, no ［　］［　］（　　）mandar.→＿＿＿＿＿＿＿＿＿＿＿

⑤ （　）に人称代名詞を、［　］にgustarの直説法現在を、それぞれ正しい形にし、入れましょう。

1. A mí no（　　　　）［　　　　　　］las aceitunas.
2. ¿A vosotros（　　　　）［　　　　　　］tocar la guitarra?
3. A Maribel（　　　　）［　　　　　　］comer y beber.
4. A Juan y a mí no（　　　　）［　　　　　　］el vino español.
5. A ustedes（　　　　）［　　　　　　］las películas japonesas.

⑥ 次の文をスペイン語に訳しましょう。

1. 私は胃が（el estómago）痛い（doler）。
2. 彼は甘いもの（los dulces）が大好きだ（encantar）。
3. あなたは何か（algo）欲しい（apetecer）ですか？
4. 君、ここ（aquí）に君の名前を書いてもらってかまいませんか（importar）？
5. あなた方はこの車（este coche）をどう思いますか（parecer）？
6. 私たちはスペイン文化（la cultura española）に興味がある（interesar）。

Diálogos　会話を聞いて、スペイン語を話してみましょう。

1. En la fiesta de Carmen

Alicia ： Carlos, ¿me pasas el plato?

Carlos ： Claro, ahora te lo paso. Por cierto, ¿conoces al profesor Rivas?

Alicia ： Sí, lo[1] conozco pero de vista. ¿Está aquí?

Carlos ： No lo[1] veo. Pero ¿ves a aquellas mujeres rubias al lado del sofá?

Alicia ： Sí, las veo. La alta y la bajita[2].

Carlos ： La bajita es la mujer del profesor. Mira, ahora viene el profesor. ¡Vamos a saludarle!

1) le も可。

2) bajita＜baja

2. ¿Le das el regalo a Pablo?

Alicia ： ¿Dónde está el regalo para Pablo? Acabo de dejarlo en el salón.

Carlos ： Pues no lo veo. ¿Vas a dárselo hoy?

Alicia ： No, su cumpleaños es mañana.

Carlos ： ¿Cómo es el regalo?

Alicia ： Es un paquete envuelto en papel rojo y no pesa. ¿Qué hago si no lo encuentro para mañana?

Carlos ： Se lo mandas por correo. Mejor tarde que nunca.

3. No me gusta ir al dentista

Madre ： Hijo mío, ¿qué te pasa?

Hijo ： Me duelen las muelas, pero tengo hambre.

Madre ： ¿Te preparo sopa de arroz?

Hijo ： No, no la quiero porque me molestan los granos en la boca.

Madre ： Bueno, a ti te gusta el puré de verduras, ¿verdad?

Hijo ： A mí sí. Pero a ti no.

Madre ： No pasa nada. Te lo preparo. De todas maneras, te recomiendo ir a la consulta cuanto antes.

Hijo ： No me lo digas. Solo pensar en ir al dentista, y ya me duele la cabeza.

¿Quiere más detalle?　Especialidad médica　病院の診療科

medicina interna 内科	cirugía 外科	ortopedia 整形外科	otorrinolaringología 耳鼻咽喉科
dermatología 皮膚科	pediatría 小児科	obstetricia y ginecología 産婦人科	odontología 歯科
psiquiatría 精神科	oftalmología 眼科	fisioterapia 物理療法	gastroenterología 胃腸科

Lectura　次のスペイン語を読んでみましょう。

Las pirámides　ピラミッド

¿Por qué hay tantos monumentos grandes en el mundo? Los encontramos desde la época del Antiguo Testamento：la Torre de Babel, el Templo de Salomón, etc. No podemos olvidarnos de las pirámides de Egipto y de los países latinoamericanos. Las Pirámides de Guiza (Egipto), el Templo del Gran Jaguar (Tikal, Guatemala), el Templo de Kukulkán (Chichén Itzá, México), etc.

Nos interesa saber el objetivo de las pirámides porque el estilo es parecido pero hay muchos misterios sobre su uso. Por otro lado, hay otros monumentos grandes como el Mausoleo de *Qin Shi Huang* (China)[1] y El *Daisenryō-Kofun* (Japón)[2]. Con el desarrollo de Internet, los podemos comparar enseguida. ¿Se los enseño a usted?

Pero es incomparable visitarlo y sentir lo impresionante que es. ¿Qué le parece ir a verlos directamente?

1) 秦の始皇帝陵及び兵馬俑（Guerreros de terracota）　2) 大仙陵古墳 （仁徳天皇陵）

1. 例）の囲み部分を1)～6)にかえ、A は saber , conocer を使って相手（ tú / usted ）に尋ね、B は（　）の指示に従い、答えましょう。

> 例）cuál es la capital de España（No）
> 　　A：¿Sabes（ Sabe usted ）cuál es la capital de España ?　　B：No, no lo sé.

1) mi número de teléfono（No）　　2) dónde está la llave（No）　　3) los Pirineos（Sí）

4) el Señor García（No）　　　　5) Cusco（Sí）　　　　　　6) la Profesora Guijarro（Sí）

2. ¿Me dejas ～? と相手に尋ね、人称代名詞・目的格を使い、Sí もしくは No で答えましょう。

> 例）un papel
> 　　A：¿Me dejas un papel?　　B：Sí, te lo dejo. / No, no te lo dejo.

1) estos papeles　　　　2) un bolígrafo　　　　3) esa bicicleta

4) este diccionario　　　5) las tijeras　　　　　6) tu moto

3. ¿Te gusta ～? と相手に尋ね、Sí もしくは No で答えましょう。

> 例）los perros
> 　　A：¿Te gustan los perros?　　B：Sí, me gustan. No, no me gustan.
> 　　　　　　　　　　　　　　　　B：A mí sí（A mí también）. A mí no（A mí tampoco）.

1) el perro　　　　　　　2) tocar el piano　　　3) beber y bailar

4) los edificios históricos　5) los animales　　　6) viajar

4. ¿Te interesa ～? と相手に尋ね、Sí もしくは No で答えましょう。

> 例）el congreso
> 　　A：¿Te interesa el congreso?　B：Sí, me interesa. No, no me interesa.
> 　　　　　　　　　　　　　　　　B：A mí sí（A mí también）. A mí no（A mí tampoco）.

1) la cultura inca　　　　　2) el día de los muertos　　3) las cataratas de Iguazú

4) los dulces tradicionales　5) trabajar en Europa　　　6) cómo preparar el turrón

5. ¿Qué te duele? の質問に答えましょう。

> 例）la tripa
> 　　A：¿Qué te duele?　　　B：Me duele la tripa.

1) la cabeza　　　　　　2) los pies　　　　　3) la garganta

4) las muelas　　　　　5) el estómago　　　6) todo el cuerpo

┌ **¿Quiere más detalle?** 　類似・応用の利く名詞 ─────────────────────

sofá＞sillón＞silla　　camisa＞camiseta　　bolso＞bolsa　　perro＞perrito　　gato＞gatito

Eva＞Evita　　Enrique＞Quique　　Francisco＞Paco　　José＞Pepe　　ahora＞ahorita

olivo＞oliva　　naranjo＞naranja

その他：gorra/gorro 野球帽/縁なし帽　　pierna（常用的には）脚全体＞pie（足首以下の）足

└──

Unidad 8

CD 2-01
DL 083

1 **¿Cómo se llama usted? —Me llamo Ana Martínez.**
お名前はなんといいますか？ －私はアナ・マルティネスといいます。

2 **¿A qué hora te levantas? —Me levanto a las seis de la mañana.**
君は何時に起きるの？ －朝6時に起きます。

3 **¿Puedo probarme este abrigo?** このコートを試着してもいいですか？

CD 2-02
DL 084

1 **再帰動詞**

再帰代名詞 **se** を伴う動詞。再帰代名詞はもともと「自分自身を（に）」の意味だが、そこから派生して様々な意味を表す。

1）再帰動詞の活用 … se が前に出て主語に一致［me, te, se, nos, os, se］⇒ **se の変化形＋活用形** の語順。

levantarse「起きる」直説法現在

me levant**o**	**nos** levant**amos**
te levant**as**	**os** levant**áis**
se levant**a**	**se** levant**an**

◆現在形の活用表を作りましょう。

llamarse「～という名前である」

sentarse「座る」（e-ie）

acostarse「就寝する」（o-ue）

ponerse「身につける」

2）再帰動詞の意味（基本用法）

a）「直接再帰・自動詞化」（自分を～する）（～なる）
Rosa *se mira* en el espejo. (< mirarse)
Esta puerta *se abre* automáticamente. (< abrirse)

b）「間接再帰」（自分に～する）
Me quito el sombrero. (< quitarse)

3）再帰動詞の意味（派生用法）

a）「相互」（お互いに～し合う）
Nos vemos mañana. (< verse)

b）「受身」（～られる）＊物主語（主語後置、無冠詞のことが多い）
Aquí *se venden* coches. (< venderse)
En España *se produce* aceite de oliva. (< producirse)

c）「不定人称」（人は～する）
Se vive bien en esta ciudad. (< vivirse)
¿Cuánto tiempo *se tarda* desde tu casa hasta la universidad? (< tardarse)

d）「変化の強調」（～てしまう）
Me voy, porque ya es tarde. (< irse 行ってしまう、立ち去る)
Mi marido *se duerme* en el cine. (< dormirse 眠りこむ、眠ってしまう)
Se me cayó la cartera. (< caerse 落っこちる、落ちてしまう)

e）再帰の形のみ使用（「本来的再帰」）
No *me atrevo* a decírselo. (< atreverse a ＋不定詞 あえて～する)

2 **不定人称（動作者不定表現）**

能動文3人称複数形（主語非明示）*Llaman* a la puerta.　*Buscan* un guitarrista.
再帰動詞3人称単数形　　　　　　　*Se come* bien aquí.　¿Por dónde *se va* a la estación?

① （　　）に適切な再帰代名詞を入れ、和訳しましょう。

　　1. Julián （　　　　　　） afeita todos los días.　2. Los españoles （　　　　　　） duchan por la mañana.
　　3. Los japoneses （　　　　　　） bañan por la noche.　4. （　　　　　　） llama Alberto.
　　5. （　　　　　　） lavamos las manos.　　　　　6. ¿（　　　　　　） levantáis a las ocho?

② （　　）に［　　］の動詞の適切な直説法現在を入れましょう。また、再帰動詞を現在形に変化させ、活用表を
　　完成させましょう。

　　1. Germán （　　　　　　） muy temprano.　[despertarse]　　ヘルマンは朝早く目を覚ます。
　　2. Mi hermana y yo （　　　　　　） tarde.　[acostarse]　　私の妹と私は遅くに寝ます。
　　3. （　　　　　　） el kimono.　[ponerse/vestirse]　　私は着物を着ます。
　　4. ¿（　　　　　　） aquí?　[sentarse]　　君たちはここに座りますか？
　　5. Los japoneses （　　　　　　） en tren.　[dormirse]　　日本人は電車で眠り込む。

CD 2-03
▶
DL 085

despertarse		acostarse		ponerse	

vestirse		sentarse		dormirse	

③ （　　）にそれぞれ適切な直説法現在を入れ、和訳しましょう。

　　1. acostar/acostarse
　　　La madre （　　　　　　） a las hijas a las 9 y （　　　　　　） a las 11 de la noche.
　　2. vestir/vestirse
　　　La madre （　　　　　　） a su hijo y luego （　　　　　　） con la ropa de trabajo.
　　3. lavar/lavarse
　　　La madre （　　　　　　） la ropa sucia y después （　　　　　　） las manos.
　　4. levantar/levantarse
　　　La madre （　　　　　　） a Manolo y por fin (él) （　　　　　　） antes de la hora del desayuno.

④ 囲みの中から正しい再帰動詞を選択し、適切な直説法現在にして入れましょう。

lavarse　darse　entenderse　casarse　escribirse　ayudarse

　　1. Los representantes de varios países （　　　　　　） las manos.
　　2. Ellos （　　　　　　） en junio.
　　3. Los vecinos （　　　　　　） mutuamente.
　　4. Los niños （　　　　　　） las manos antes de comer.
　　5. Mi amiga peruana y yo （　　　　　　） muchas cartas.
　　6. Aunque no hablas bien inglés, tú y tu amiga alemana （　　　　　　） bien.

⑤ （　　）内を直説法現在の正しい形にし、和訳しましょう。

　　1. Este tipo de diccionario electrónico (venderse　　　　　　) en aquella tienda.
　　　En este supermercado no (venderse　　　　　　) verduras.
　　2. En Osaka (hablarse　　　　　　) *osakaben*.
　　　En España (hablarse　　　　　　) español, gallego, catalán y euskera.

⑥ 本来的再帰動詞を適切な直説法現在の形にしましょう。

　　1. atreverse：(Tú　　　　　　) a decir la verdad.
　　2. arrepentirse：(Yo　　　　　　) de no estudiar antes de la clase.
　　3. quejarse：(Ellos　　　　　　) de todo.

Unidad 9

Diálogos　会話を聞いて、スペイン語を話してみましょう。

1. ¿A qué hora te levantas?

Shizuka：¿A qué hora te levantas?

Gabriel：Me levanto a las siete de la mañana pero mi padre se levanta más temprano, a las cinco.

Shizuka：¿Por qué se levanta tan temprano?

Gabriel：Se va a la calle para sacar al perro y comprar el periódico. Si le pido, nos trae churros recién hechos.

Shizuka：¡Qué bien! ¿A qué hora te marchas de casa?

Gabriel：Pues, me levanto, me ducho, me visto, me lavo la cara y desayuno. Después, me cepillo los dientes y me marcho a las ocho. Pero hay días que* mi hermana tarda mucho en el baño y se me hace tarde.

*〜する日もある

2. Las fotos del viaje

Félix：¿Qué miras?

Mar：Son las fotos del viaje. ¡Mira! Yo con el kimono de *geisha*.

Félix：¿Sabes ponerte el kimono sola?

Mar：No. Si quieres ponerte un kimono, hay tiendas para extranjeros. Las mujeres de la tienda te ayudan a ponértelo.

Félix：¿Dónde venden kimonos?

Mar：Venden en las tiendas de recuerdos. No son muy caros. Pero si quieres uno de seda, tienes que irte a una tienda especial.

3. Por teléfono

Manolo：Hola, Isabel. Ya estoy en la estación de autobuses de Madrid.

Isabel：¡Qué bien! ¿Hacemos turismo en Madrid esta tarde?

Manolo：Sí, claro. ¿Te parece bien ir al Museo Arqueológico Nacional?

Isabel：Sí, me parece bien. Si bajamos en la estación de metro de Colón, allí mismo está el museo.

Manolo：¿Cuánto tiempo se tarda de tu casa al museo?

Isabel：Se tarda una hora. Pero antes quiero ponerme guapa.

Manolo：Entonces me voy al hotel primero. ¿Nos vemos en la taquilla del museo?

Isabel：Vale. ¡Nos vemos dentro de nada*!

Manolo：¡Oye! Estoy perdido. La estación es enorme. ¿Por dónde se va a la estación de metro?

Isabel：Tranquilo. Hay señales.

*すぐに

Lectura　次のスペイン語を読んでみましょう。

La época de bellas creaciones coloridas 彩の季節
Después del calor notorio de Japón como el clima de la selva tropical, un día nos damos cuenta del pequeño cambio. Por ejemplo, una mañana te despiertas sin sudor y una noche te olvidas poner el aire acondicionado para dormir. Mientras la naturaleza japonesa comienza a prepararse tranquilamente y muestra tanta belleza como la primavera, los japoneses se distraen con varios eventos de otoño：el *Yabusame* de Kamakura, el *Kenka Matsuri* de Himeji, el *Jidai Matsuri* de Kioto, etc. Los arrozales se cubren de color dorado y las faldas de las montañas se tiñen de color amarillo y rojo. Hay algunos templos budistas que se ven[1] como ardiendo por las hojas caducifolias[2].
Es la época de la cosecha y se dice que "El cielo es alto y claro, y los caballos engordan en esta buena temporada de otoño".
　"*Yabusame* de Kamakura"：es una exhibición de tiro con arco a caballo que se realiza el 16 de septiembre, en *Tsurugaoka Hachimangu*.
　"*Kenka Matsuri* del Santuario de *Matsubara*", Himeji: el día 14 y 15 de octubre, luchan entre las tres carrozas santuarios y hay desfiles de las siete espléndidas carrozas.

1) 〜のように見える　2) 落葉樹の葉

1. Josefina の一日の予定を書きましょう。また、私の今日の予定も書いてみましょう。

6：00 a. m.	despertarse	
7：30 a. m.	prepararse / para salir	
8：00 a. m.	llegar / a su trabajo ponerse / el uniforme	
11：30 a. m.	almorzar / con sus colegas del trabajo	
2：00 p. m.	despedirse / de sus colegas del trabajo	
2：30 p. m.	volver / a casa comer / con su familia	
3：30 p. m.	echarse / la siesta	
4：00 p. m.	levantarse / de la siesta	
5：00 p. m.	cortarse / el pelo en la peluquería	
7：45 p. m.	juntarse / con sus amigas en el bar	
9：00 p. m.	regresar / a casa cenar / cosas ligeras	
10：00 p. m.	ver / las noticias	
11：30 p. m.	cepillarse / los dientes	
12：00 a. m.	acostarse / en la cama	

2. 例にならって、Sí で答えましょう。

例）¿Te vas a levantar a las seis?　　Sí, me voy a levantar a las seis.　　Sí, voy a levantarme a las seis.

1）¿Te vas a duchar ahora? _____ _____

2）¿Te puedes duchar ahora? _____ _____

3）¿Os vais a acostar tarde? _____ _____

4）¿Os podéis despertar pronto? _____ _____

3. 下記の表を参照し、¿Por dónde se va de（出発点）a（目的地）? という質問文を作りましょう。4）の表も作ってみましょう。

	1)	2)	3)	4)
出発点	mi casa	la parada de autobús	aquí	
目的地	el supermercado	la taquilla	la catedral	

1）_____

2）_____

3）_____

4）_____

4. 例）にならって質問し、所要時間を答えましょう。4）の表も作ってみましょう。

例）A：¿Cuánto tiempo se tarda en autobús？　B：Se tarda treinta minutos.

例)	1)	2)	3)	4)
手段 autobús	bici	a pie	taxi	
時間 30 minutos	5 minutos	3 minutos	15 minutos	

1）A：_____ B：_____

2）A：_____ B：_____

3）A：_____ B：_____

4）A：_____ B：_____

Repaso 3　Unidad 7-9

① 所有形容詞・後置形または所有代名詞（定冠詞＋所有形容詞・後置形）を入れましょう。

1. ¿De quién es este coche?　　　　　Es (私の　　　　　　　).
2. Mi mochila es esta.　　　　　　　¿Dónde está (君の　　　　　　)?
3. ¿Este móvil es de Carlos?　　　　Sí, es (　　　　　　).
4. ¿Estas tijeras son de Eduardo?　　No, no son (　　　　　　).
5. Esta maleta es tuya.　　　　　　¿Dónde está (彼の　　　　　　)?
6. Mi abrigo es rojo.　　　　　　　Y (彼女の　　　　　　), también.
7. Mi carpeta es roja.　　　　　　　Y (彼の　　　　　　), también.
8. Estas tartas son tuyas.　　　　　¿Y esas son (彼の　　　　　　)?
9. ¿Estos pantalones son tuyos?　　No, no son (　　　　) sino (彼女の　　　　　).
10. ¿Cuáles de estas gafas son (君の　　　　)?　(私の　　　　　) son estas negras.

② 囲みの中から正しい動詞を選び、適切な直説法現在の形にして入れ、文を完成させましょう。

construir	escuchar	dormir	saber	traer	medir	oír	ver

1. Este niño (　　　　　　) muy tarde.
2. ¿Cuánto (　　　　　　) la torre de Skytree?
3. El anciano (　　　　　　) la música de Rodrigo.
4. ¿Me (　　　　　　) bien? En el túnel no hay buena cobertura.
5. ¿(Vosotros　　　　　　) a Xabi jugar al fútbol?
6. Yo te (　　　　　) un boli, y me (　　　　　) un papel.
7. Yo (　　　　　) cómo escribir los *Kanjis*.
8. ¿Quién (　　　　　) un puente para ese río?

③ (　　) に人称代名詞・直接目的格もしくは間接目的格を、[　　] に適切な直説法現在を入れましょう。

1. ¿Quién te da las referencias?　　– (　　　) (　　　　) [　　　　] Elena.
2. ¿Le prestas a María tu coche?　　–Sí, (　　　) (　　　) [　　　].
3. Javier me deja su bici para hoy.　¡Qué bien! Javier (　　　) (　　　) [　　　].
4. ¿Juan les prepara a ustedes una fiesta de bienvenidos?
　　　　　　　　　　　　　　　–Sí, (　　　) (　　　) [　　　].
5. ¿Qué te traen tus padres?　　– (　　　) [　　　] una tarta de peras.
6. ¿Visitáis a vuestros abuelos muchas veces?
　　　　　　　　　　　　–No, no (　　　) [　　　] con mucha frecuencia.
7. ¿Sabes dónde están las Islas Ogasawara?
　　　　　　　　　　　　–No, no (　　　) [　　　].
8. ¿Ellos invitan a Rosa y Manuela a la fiesta?
　　　　　　　　　　　　–Sí, (　　　) [　　　] a la fiesta.
9. ¿Dónde está Juan?　　–No (　　　) veo.
10. ¿Dónde están Luisa y Rosa?　　–Ahora están fuera. ¿(　　　) quieres ver?

④ (　　) に人称代名詞を、[　　] に適切な gustar 型の直説法現在を入れましょう。

1. A mi hermano (　　　　) [　　　　] las muelas. [doler]
2. A Juan y María (　　　　) [　　　　] la historia. [interesar]
3. A Jorge (　　　　) [　　　　] el gato de su novia. [gustar]
4. A Juan (　　　　) [　　　　] mucho ser puntual. [importar]
5. (A nosotros) no (　　　　) [　　　　] insistir tan fuerte. [gustar]
6. ¿A usted (　　　　) [　　　　] el viernes que viene? [convenir]
7. ¿(A ti) (　　　　) [　　　　] el tabaco? [molestar]
8. ¿Qué (　　　　) [　　　　] a usted el vestido? [parecer]
9. A mí (　　　　) [　　　　] los coches deportivos. [encantar]
10. ¿A vosotros (　　　　) [　　　　] tomar tapas? [apetecer]

⑤（　）に動詞 saber, conocer, poder を直説法現在の正しい形にし、入れましょう。

1.（Nosotros　　　　　　　　）hablar en español, pero no（　　　　　　　　）decir palabrotas.
2. ¿（Tú　　　　　　　）la costumbre japonesa?
3.（Yo　　　　　　　）Tokio. Os（　　　　　　　）enseñar la ciudad.
4. ¿（Vosotros　　　　　　　）Colombia?（Yo　　　　　　　）a un escritor famoso allí.
5.（Él　　　　　　　）tocar la guitarra, pero ahora le duelen los brazos y no（　　　　　　　）tocar bien.

⑥（　）の指示に従って、適切な所有形容詞・前置形を入れましょう。

1. [　　　　　] flores　　　　　（私たちの）
2. [　　　　　] edificio　　　　 （彼の）
3. [　　　　　] profesor　　　　（彼女たちの）
4. [　　　　　] coche　　　　　（あなたの）
5. [　　　　　] problemas　　　（彼女の）
6. [　　　　　] idioma　　　　　（あなたがたの）
7. [　　　　　] universidades　（君たちの）
8. [　　　　　] perros　　　　　（君の）

⑦ 囲みの中から正しい直説法現在の再帰動詞を選び、正しい形にし、入れましょう。

lavarse　ponerse　levantarse　marcharse　dormirse　quedarse　acordarse

1. Yo（　　　　　　　）trabajar en la oficina.
2. Ellos（　　　　　　　）el traje tradicional para la fiesta de las Fallas.
3. ¿（Tú　　　　　　　）de mí? –Sí,（　　　　　　　）de ti.
4. Los niños（　　　　　　　）la cara antes de desayunar.
5. Juan（　　　　　　　）en el metro.
6. Mis hijos todos（　　　　　　　）de casa a las ocho.
7. Todos（　　　　　　　）de la mesa para saludar al primer ministro.

⑧ 例に従って、文を書き換えましょう。

例）Me levanto a las ocho.　　　（acabar de）→ Acabo de levantarme a las ocho.

1. Te despiertas a las ocho.　（poder）→ _____
2. Nos bañamos en la piscina.（ir a）　→ _____
3. Mi hijo se levanta a las cinco.（ir a）→ _____
4. Me pongo el kimono.　　（saber）→ _____

⑨ スペイン語に訳しましょう。

1. これらのクッキー（galleta）は私のです。
2. 今日、（私たちは）英語の試験があることを君は知っていますか？
3. 君は何をしていますか？　　–テレビを見ています。
4. このスポーツシューズは誰のですか？
5. 君は田中さんを知っていますか？
6. 君はお母さんにそれらの花をプレゼントしますか？
7. はい、彼女にそれらをプレゼントします。
8. あなたは、彼にそのことを言いますか？
9. 彼らは外国の料理（comidas extranjeras）を食べることが好きですか？
10. 私は歯（muelas）が痛い。
11. 彼女は胃（estómago）が痛い。
12. 君たちはスペイン料理が好きですか？ –はい。

CD 2-08
DL 090

1 ¿Adónde viajaste el año pasado? —Viajé a Chile.
昨年君はどこに旅行したの？ ーチリに旅行しました。

2 ¿Con quién saliste ayer? —Salí con María. 昨日君は誰と出かけたの？ ーマリアと出かけました。

3 ¿A qué hora te acostaste anoche? —Me acosté a la una de la mañana.
昨晩君は何時に寝ましたか？ ー午前1時に寝ました。

1 直説法点過去

過去時制では、終了した出来事全体と、継続・習慣・反復とを区別。前者は点過去、後者は線過去（⇒12課）という別の活用形を用いる。

1）点過去・規則活用

-ar 動詞 → （ar 語尾）**-é, aste, ó, amos, asteis, aron**

-er 動詞 / **-ir** 動詞 → （er/ir 共通の語尾）**-í, iste, ió, imos, isteis, ieron**

CD 2-09
DL 091

hablar「話す」→「話した」

hablé	hablamos
hablaste	hablasteis
habló	hablaron

comer「食べる」→「食べた」

comí	comimos
comiste	comisteis
comió	comieron

vivir「住む」→「住んだ」

viví	vivimos
viviste	vivisteis
vivió	vivieron

2）語幹母音変化動詞の点過去 ... 規則活用の変形(1)

現在で語幹母音変化のある動詞のうち、点過去では -ir動詞のみに語幹母音変化がある。

-ir 動詞3人称単数・複数の2箇所で、語幹母音が変化。

語尾は規則的。（-ir 動詞点過去の語尾＝ **-í, iste, ió, imos, isteis, ieron**）

CD 2-10
DL 092

①e-ie-i 型

sentir「残念に思う、感じる」

（現在形 yo siento）

sentí	sentimos
sentiste	sentisteis
sintió	sintieron

②o-ue-u 型

dormir「眠る」

（現在形 yo duermo）

dormí	dormimos
dormiste	dormisteis
durmió	durmieron

③e-i-i 型 （不定詞 -現在 -点過去）

pedir「頼む」

（現在形 yo pido）

pedí	pedimos
pediste	pedisteis
pidió	pidieron

CD 2-11
DL 093

3）点過去で綴り字変化がある動詞 ... 規則活用の変形(2)

①-ar 動詞 ... 1人称単数で綴り字変化

-car → -qué （buscar (探す) → busqué）

-gar → -gué （llegar (着く) → llegué）

-zar → -cé （empezar (始める) → empecé）

②-er/-ir 動詞 ... 3人称単数・複数で母音間の i → y

leer（読む）... **leí, leíste, leyó, leímos, leísteis, leyeron**

oír（聞く）... **oí, oíste, oyó, oímos, oísteis, oyeron**

③ver（見る）... **vi, viste, vio, vimos, visteis, vieron** （単音節語はアクセント符号不要）

2 不定語と否定語、否定の副詞

algo「何か」

alguien「誰か」

alguno「何らかの、何かの」（**algún**＋男性単数）
  *-o,a,os,as の語尾変化あり

tampoco「... もまた... ない」（**también**「... もまた」）

nada「何も...（ない）」

nadie「誰も...（ない）」

ninguno「ひとつも... ない」（**ningún**＋男性単数）
  *-o,a の語尾変化あり

nunca「決して... ない」

¿Compraste *algo* en la tienda? –No, no compré *nada*.

¿Te llamó *alguien*? –No, no me llamó *nadie*. / No, *nadie* me llamó.

¿Tenéis *alguna* pregunta? –No, no tenemos *ninguna*.

¿Leíste *algún* libro español? –No, no leí *ninguno*.

Juan *nunca* hace deporte. María *tampoco*.

> no + 動詞 + 否定語
> = 否定語 + 動詞

CD 2-12
DL 094

① 次の不定詞を直説法点過去に変化させましょう。

estudiar	

beber	

escribir	

llegar	

morir	

servir	

② （　　）内を 直説法点過去の正しい形にしましょう。また、①の表のように変化させましょう。

1. Hace tres días（tomar, *yo*　　　　　　　　　）café con mis amigos.
2. El día 15 de agosto（oír, *nosotros*　　　　　　　　　）música clásica en el auditorio.
3. Milagros y Gabriel（vivir　　　　　　　　）en Tokio desde 2018 hasta 2020.
4. （Construirse　　　　　　　　　）edificios.
5. Los estudiantes（sacar　　　　　　　　　）buenas notas.
6. ¿（Leer, *vosotros*　　　　　　　　　）la última novela de *Haruki Murakami*?

③ 次の文に（　　）の時間を表す副詞（句）を入れ、全文を適切な時制に書き換えましょう。

1. Conozco a la hermana de Javier.　　　　　　（ayer）
2. Oye mucho ruido en el pasillo.　　　　　　（anoche）
3. Empiezo a escuchar la radio.　　　　　　（anteayer）
4. Busco muchos libros para coleccionar.　　（el año pasado）
5. Veo a Juan cantar en la calle.　　　　　　（la semana pasada）
6. Siento el peligro.　　　　　　　　　　　　（aquel día）

④ （　　）の指示に従い、スペイン語で答えましょう。

1. ¿Jesús te habló del tema?　　　　　　　　　　　　（Sí）
2. ¿Tu madre encontró sus gafas?　　　　　　　　　（No）
3. ¿Perdiste la llave?　　　　　　　　　　　　　　　（Sí）
4. ¿Te gustó la película de ayer?　　　　　　　　　（Sí）
5. ¿Decidisteis viajar al extranjero?　　　　　　　　（No）
6. ¿Os bañasteis en el mar Mediterráneo?　　　　　（No）
7. ¿Te quitaste los zapatos sucios?　　　　　　　　（Sí）
8. ¿Te atreviste a hacerlo?　　　　　　　　　　　　（No）
9. ¿A qué hora os acostasteis anoche?　　　　　　（a la una）
10. ¿Cuándo te cortaste el pelo?　　　　　　　　　（hace cuatro días）

⑤反対の意味になるように、不定語や否定語を入れましょう。

1. ¿Trabaja algún dependiente aquí? ⇔ ¿No trabaja（　　　　　　　）dependiente aquí?
2. ¿Hay（　　　　　　　）revistas en la biblioteca? ⇔ ¿No hay ninguna revista en la biblioteca?
3. No hay nadie en casa.　　⇔ Hay（　　　　　　　）en casa.
4. Yo tampoco tengo dinero. ⇔ Yo（　　　　　　　）tengo dinero.
5. Siempre voy al médico.　　⇔（　　　　　　　）voy al médico.
6. Hay algún transporte.　　⇔ No hay（　　　　　　　）transporte.
7. ¿Conoces a alguien?　　⇔ ¿No conoces a（　　　　　　　）?

Diálogos y Lectura

CD 2-13

DL 095

1. ¿Cuándo compraste los ajos?

Isabel：Manolo, ¿quieres venir a mi casa para cenar?

Manolo：Bueno, ¿por qué no?

Isabel：Ayer compré unos filetes de cerdo y verduras. ¿Hay alguna cosa que no puedes tomar?

Manolo：No.

　　　　（En casa de Isabel）

Isabel：Me gusta preparar los filetes con ajo. ¿Te parece bien?

Manolo：Sí, me parece bien. Pero con estos ajos viejos, no. ¿Cuándo compraste los ajos?

CD 2-14

DL 096

2. La ropa limpia

Ana：¿Te estás preparando para ir al gimnasio?

Carlos：Ayer preparé un bolso para el gimnasio. Lo dejé encima de la cama.

Ana：Sí. Te lo traigo. Pero, ¿a qué huele? Huele mal.

Carlos：A ver… ¡Anda! Metí la ropa usada*.

Ana：Carlos, por favor. ¿No tienes ropa limpia?

Carlos：No, la ropa limpia la perdí en el gimnasio.

Ana：Si sabes que la perdiste allí, ¿por qué no la buscaste?

*＝ sucia

CD 2-15

DL 097

3. El día de la entrega de los deberes

Ana：Hola, Juan. ¿Qué tal?

Juan：Muy bien, gracias. Pero te veo cansada.

Ana：Un poco, sí. Anoche me acosté muy tarde para terminar los deberes.

Juan：Pues ayer por la mañana se despertó mi hermana muy pronto y no me dejó dormir más. Me pidió preparar un café. Como luego me sobró tiempo, me puse a acabarlos.

Ana：Por eso estás tranquilo.

> **¿Quiere más detalle?**　点過去形とよく使われる時間表現
>
> 具体的な日時を表す過去 el día 15 de agosto や hace una semana 以外によく使われる時間表現：ayer, anoche, anteayer, el otro día, la semana pasada, el mes pasado, el año pasado, desde A hasta B（年号）

CD 2-16

DL 098

Lectura　次のスペイン語を読んでみましょう。

San Francisco Javier　聖フランシスコ・ザビエル

Si alguien te pregunta, ¿conoces a algún español en la historia del mundo?, pues, la respuesta puede ser San Francisco Javier[1]. Su nombre completo es Francisco Jasso Azpilicueta Atondo y Aznárez, señor[2] de Javier, conocido como Francisco Javier. Nació el 7 de abril de 1506 en el castillo de Javier en el Reino de Navarra y fue sacerdote, confesor y misionero de la Compañía de Jesús. Llegó a Japón en 1549 y se quedó dos años aproximadamente. Fue canonizado en 1622. Javier, Xabier en euskera, es un nombre de origen vasco que significa "casa nueva". El castillo de Javier está situado a unos 50 km de Pamplona, y aún hoy podemos admirar toda su belleza. Hay una tradición de hacer la peregrinación al castillo de Javier[3], llamada "Xabierraldi", "Javierada" o la "Marcha a Javier" en marzo.

En la Edad Media la gente de aquella zona empezó a ir al castillo para orar y en el siglo XVII, XVIII, XIX participaron vecinos navarros y aragoneses. Así se formó la tradición de la peregrinación. En los siglos XIX y XX por la epidemia del cólera de 1885 y otros motivos, se consolidó la peregrinación a este asentamiento para venerar al santo.

Muchos turistas combinan la visita al castillo de Javier con el monasterio de Leyre[4]. El monasterio de San Salvador de Leyre es un edificio románico muy hermoso y está en la ladera sur de la Sierra de Leyre[5].

1）聖フランシスコ・ザビエル　2）領主　3）ハビエル城　4）レイレ修道院　5）レイレ山脈

Práctica

1. 「私」の昨日の一日を、与えられた言葉を使って、スペイン語で書きましょう。また、その文が答えになるよう、tú を主語にした質問文も作りましょう。

1) 6：00 a. m. despertarse   Me desperté a las seis de la mañana.
2) 7：30 a. m. prepararse para salir
3) 8：00 a. m. llegar a mi trabajo
4) 11：30 a. m. almorzar con mis colegas del trabajo
5) 2：00 p. m. despedirse de mis colegas del trabajo
6) 2：30 p. m. volver a casa
7) 3：30 p. m. echarse la siesta
8) 4：00 p. m. levantarse de la siesta
9) 5：00 p. m. cortarse el pelo en la peluquería
10) 9：00 p. m. cenar con mis padres
11) 10：00 p. m. ver las noticias
12) 12：00 a. m. acostarse en la cama

（túを主語にした質問文）

1) ¿Te despertaste a las seis de la mañana?
2)
3)
4)
5)
6)
7)
8)
9)
10)
11)
12)

2. 例）にならって質問し、答えましょう。4）の表も作ってみましょう。

例）A：¿A dónde viajaste? y ¿de dónde viajaste?　B：Viajé a Pamplona de Madrid.

例)	1)	2)	3)	4)
目的地 Pamplona	Salar de Uyuni	Machu Picchu	Granada	
出発点 Madrid	el aeropuerto de Narita	Lima	Londres	

3. 例）にならって質問し、答えましょう。4）の表も作ってみましょう。

例）A：¿Cuánto tiempo se tardó en autobús?　B：Se tardó dos horas.

例)	1)	2)	3)	4)
手段 autobús	bici	a pie	taxi	
時間 2 horas	1 hora	20 minutos	30 minutos	

4. 例にならって、a), b) 2種類の質問を作り、答えましょう。4）の表も作ってみましょう。

例）a) ¿Hay algo en la mesa? –Sí, hay dos vasos.　b) ¿Hay algunos vasos en la mesa? – Sí, hay dos vasos.

例)	1)	2)	3)	4)
場所　mesa	cajón	bolso	estuche	
物・数　2 vasos	10 sobres	3 revistas	0 lápiz	

Unidad 10

CD 2-17
DL 099

1 ¿Quién vino a la fiesta? —Vinieron María y Juan.
誰がパーティーに来ましたか？ −マリアとフアンが来ました。

2 ¿Qué hiciste el fin de semana? —Fui a un concierto. 週末君は何をしたの？ −コンサートに行ったよ。

3 ¿Qué te pusiste para asistir a la boda de Ana? —Me puse un kimono.
アナの結婚式に出るのに何を着たの？ −私は着物を着ました。

[1] **直説法点過去・強変化とその変形** ... 不規則活用（1）

CD 2-18
DL 100

1）点過去強変化 ... 強変化語幹＋強変化専用語尾 （ -e, iste, o, imos, isteis, ieron）

tener「持つ」

tuve	tuvimos
tuviste	tuvisteis
tuvo	tuvieron

estar「ある、いる」

estuve	estuvimos
estuviste	estuvisteis
estuvo	estuvieron

querer「ほしい、したい」

quise	quisimos
quisiste	quisisteis
quiso	quisieron

◆点過去の活用表を完成させましょう。

venir「来る」

vine	

poder「できる」

pude	

saber「知る」

supe	

poner「置く」

puse	

andar「歩く」

anduve	

haber「（完了の助動詞）/～がある」

hube	

hacer「する、作る」　＊3人称単数形で綴り字変化あり

hice	hicimos
hiciste	hicisteis
hizo	hicieron

CD 2-19
DL 101

2）強変化変形 ... 1人称単数が -je で終わるものは、3人称複数が -jeron（語尾-eron）となる。

decir「言う」

dije	dijimos
dijiste	dijisteis
dijo	dijeron

traer「持ってくる」

traje	

conducir「運転する」＊

conduje	

＊-ducir型... 他に producir→ produje（生産する）, traducir→ traduje（翻訳する）等も同様の変化

CD 2-20
DL 102

[2] **直説法点過去・完全不規則活用** ... 不規則活用（2）

点過去の完全不規則活用は以下の3つ（ただし ser と ir は同型）である。

ser「～である」/ **ir**「行く」

fui	fuimos
fuiste	fuisteis
fue	fueron

dar「与える」

di	dimos
diste	disteis
dio	dieron

[3] **使役と知覚の表現**

El profesor *nos hizo escribir* un trabajo sobre la historia española.（hacer ＋ O ＋ 不定詞）
La madre *dejó a* su niño *jugar* en el parque.（dejar ＋ O ＋ 不定詞）
Oí a Juan *cantar* una vez en un concierto.（oír ＋ O ＋ 不定詞）
Vimos a María *bailar*.（ver ＋ O ＋ 不定詞）

CD 2-21
DL 103

① 次の不定詞を直説法点過去に変化させましょう。

ser		estar		ir	

haber		hacer		venir	

② （　　）内を直説法点過去の正しい形にしましょう。また、①の表のように、変化させましょう。

1. Hace tres días el dueño de casa nos（decir　　　　　　）que iba a vender el piso.

2. La semana pasada tú（traer　　　　　　）un libro de texto en japonés.

3. （Construir, ellos　　　　　　）la Torre de Tokio Skytree en el año 2012.

4. Yo（saber　　　　　　）la noticia ayer.

5. Los estudiantes（dar　　　　　　）muchas flores al profesor.

6. ¿（Querer, vosotros　　　　　　）jugar al fútbol el pasado fin de semana?

③ （　　）の時間を表す副詞（句）を入れ、全文を適切な時制に書き換えましょう。

1. Pablo puede empezar el nuevo negocio.　　　　　（ a los 30 años ）

2. Hacemos una tarta de manzana.　　　　　　　　（aquel día）

3. No hay nada en Japón.　　　　　　　　　　　　（en la Segunda Guerra Mundial）

4. El Emirato de Granada* cae.　　　　　　　　　（en 1492 ）

5. La madre nos hace estudiar mucho.　　　　　　（el último fin de semana）

6. Viene Hugo para vivir en Barcelona.　　　　　　（ hace cinco años ）

*La dinastía nazarita de Granada　イベリア半島最後のムスリム勢力（ナスル朝）

④ （　　）の指示に従って、目的格の人称代名詞を用いてスペイン語で答えましょう。

1. Jesús pudo comprar papel higiénico?　　　　　（Sí）

2. ¿Pudisteis comer tacos en México?　　　　　　（No）

3. ¿Quisisteis compartir el piso?　　　　　　　　（Sí）

4. ¿Quisiste entregarlo el lunes pasado?　　　　　（No）

5. ¿Te quitaste los zapatos sucios?　　　　　　　（Sí）

6. ¿Os pusisteis el traje tradicional en las fallas?　（No）

⑤ （　　）の指示に従って、スペイン語で答えましょう。

1. ¿Cuándo cambiaste las sábanas?　（hace seis días）

2. ¿Dónde estuvieron tus padres?　（en África）

3. ¿Por qué te fuiste de la reunión?　（tener que hacer fotocopias）

4. ¿Qué viste anoche?　（Hugo tocar la música clásica）

5. ¿Qué hiciste con los niños ayer?　（dejar a los niños ver la tele）

6. ¿Quién tradujo la Biblia al alemán?　（Martín Lutero）

Unidad 11

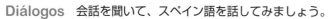

Diálogos y Lectura

Diálogos　会話を聞いて、スペイン語を話してみましょう。

CD 2-22
▶
DL 104

1. ¿Cuándo fue la fiesta de cumpleaños de Hugo?

Isabel：¡Hola, Javier! ¿Qué tal fue ayer? Fue la fiesta de cumpleaños de Hugo, ¿verdad?

Javier：La fiesta fue bonita. Pero no fue de su cumpleaños sino de su hermana. Ella participa en las Olimpiadas.

Isabel：¿En qué eventos Olímpicos participa?

Javier：En vela. Dice que empezó a navegar hace 8 años.

Isabel：Por cierto, ¿cuándo fue la fiesta de su cumpleaños?

CD 2-23
▶
DL 105

2. ¿Preparaste la memoria USB?

Ana：Hoy es el día de la presentación, ¿no?

Carlos：Así es. Yo tengo mi portátil y el resumen impreso del tema. Pero no veo mi USB*.

Ana：¿No la usaste anoche?

Carlos：Anoche, no. Pero llevé mi portátil a la biblioteca y en aquel momento la tenía allí.

Ana：Pero trajiste tu portátil a casa. ¿No la pusiste en tu habitación junto con el portátil?

Carlos：No me acuerdo la última vez que la vi. Voy a ver en mi habitación. Mi llave tampoco la veo.

Ana：Tú la pusiste en tu bolsillo.

Carlos：¡Anda! Las dos están en mi bolsillo.

*＝(f.)USBメモリ（＝lápiz de memoria）、(m.)USBポート

CD 2-24
▶
DL 106

3. Fuimos a Cancún.

Beatriz：¡Buenas tardes, Don José!

Don José：¡Hombre! Buenas tardes, Beti*. Últimamente no tengo tiempo de verte.

Beatriz：La verdad es que, no. Fui a Cancún con mis amigos para descansar y pasarlo bien.

Don José：¿Qué tal fue la estancia?

Beatriz：Muy bien, muy relajante. Una noche anduvimos por la orilla del mar debajo de las estrellas.

Don José：También disfrutasteis de la música y del baile, ¿verdad?

Beatriz：Sí. De hecho, hubo una competición de baile y nos encantó.

*Beatriz の愛称

CD 2-25
▶
DL 107

Lectura　次のスペイン語を読んでみましょう。

Viajes y libros　旅行記

El asentamiento de los musulmanes hizo España peculiar entre otros países europeos.
Pocos reinos cristianos de Europa emplearon recursos humanos de tres religiones：el cristianismo, el judaísmo y el islam. Algunos reinos de la Península Ibérica y el Reino de Sicilia fueron esos pocos reinos que luego notaron un desarrollo cultural inmenso. El Reino de Sicilia está en el sur de la Península Itálica y se desarrolló desde la Edad Media. Las novelas de viajes son una manera interesante de comprender las diferentes culturas. El libro "Cuentos de la Alhambra" es una de esas novelas. Este libro fue escrito en 1892 por el escritor estadounidense Washington Irving[1] .
Leer este libro antes de ir a Granada, te ayuda a entender las peculiaridades de España, además de hacer que la experiencia sea mucho más satisfactoria[2] .

1）ワシントン・アーヴィング（1783–1859）、原題『Tales of Alhambra』
2）hacer que la experiencia sea mucho más satisfactoria：(sea < ser の接続法現在)経験がより満足するものになるよう

1. 昨日の一日を、poderを使ってスペイン語で書きましょう。また、その文を基に、tú を主語にした質問文も作りましょう。

例)　6：00 a. m. despertarse　　　　　　　　　Pude despertarme a las seis de la mañana.

　1)　7：30 a. m. prepararse / para salir　　　_____

　2)　8：00 a. m. llegar/ a mi trabajo　　　　_____

　3)　11：30 a. m. almorzar/con mis colegas del trabajo　_____

　4)　2：00 p. m. despedirse/de mis colegas　_____

(tú)

例)　¿Pudiste despertarte a las seis de la mañana?

　1)　_____

　2)　_____

　3)　_____

　4)　_____

2. 例) にならって、a)，b) 2種類の質問文を作り、答えましょう。4) の表も作りましょう。

例)　a) ¿Qué hiciste anoche? –Vi la tele.　　b) ¿Qué hizo usted anoche? –Vi la tele.

例)		1)	2)	3)	4)
いつ	anoche	ayer	el mes pasado	hace un año	
行動	ver la tele	jugar un partido de fútbol	traducir un libro	ingresar a la universidad	

　1) a)_____　　　b)_____

　2) a)_____　　　b)_____

　3) a)_____　　　b)_____

　4) a)_____　　　b)_____

3. 話が通るように、(　　) に適切な直説法点過去を入れ、対話を完成させましょう。

　1) ¿Quién te lo dijo?　　　　　　　　・　　　・ Sí, la (　　　　　　　　) cantar.
　2) ¿Adónde fuisteis el fin de semana? ・　　　・ (　　　　　　　　) cerveza, vino y sake.
　3) ¿Visteis a María cantar?　　　　　・　　　・ Sí, nos (　　　　　　　　) estudiar.
　4) ¿El profesor os hizo estudiar?　　・　　　・ (　　　　　　　　) al concierto.
　5) ¿Qué trajisteis para la fiesta?　　・　　　・ Me lo (　　　　　　　　) Juan.

4. (　　) の動詞を使い、場所や日時を補って、自己紹介をしましょう。

例)　Me gradué de licenciado en Letras en 2020. (graduarse)

　1)　_____ (nacer)

　2)　_____ (ingresar)

　3)　_____ (matricularse en)

5. 例) にならって、a)，b) 2種類の質問文を作り、答えましょう。4) の表も作りましょう。

例)　a) ¿Qué te pusiste? –Me puse el bañador.　b) ¿Dónde te lo (la/los/las) pusiste? –Me lo puse en la piscina.

例)		1)	2)	3)	4)
服装	bañador	kimono	zapatillas deportivas	gafas de sol	
場所	piscina	fiesta	gimnasio	playa	

　1) a)_____　　　b)_____

　2) a)_____　　　b)_____

　3) a)_____　　　b)_____

　4) a)_____　　　b)_____

Unidad 11

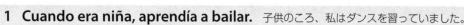

CD 2-26
▶
DL 108

1 **Cuando era niña, aprendía a bailar.**　子供のころ、私はダンスを習っていました。

2 **Estaba en el tren cuando me llamaste.**　君が電話をくれたとき私は電車の中でした。

3 **Este vino es más caro que ese. Este es el más caro y el mejor de estos.**
このワインはそれより高いです。これはこれらの中で一番高くて一番良いワインです。

1　直説法線過去

過去において継続する行為、過去の習慣・反復、過去の別の出来事の背景的状況を表す形。

　1）線過去・規則活用

　-ar 動詞 →（ar 語尾）**-aba, abas, aba, ábamos, abais, aban**

　-er 動詞 / **-ir** 動詞 →（er / ir 共通の語尾）**-ía, ías, ía, íamos, íais, ían**

CD 2-27
▶
DL 109

hablar「話す」→「話していた」　　**comer**「食べる」→「食べていた」　　**vivir**「住む」→「住んでいた」

hablaba	hablábamos
hablabas	hablabais
hablaba	hablaban

comía	comíamos
comías	comíais
comía	comían

vivía	vivíamos
vivías	vivíais
vivía	vivían

　2）線過去・完全不規則活用

ser「である」　　**ir**「行く」　　**ver**「見る」

era	éramos
eras	erais
era	eran

iba	íbamos
ibas	ibais
iba	iban

veía	veíamos
veías	veíais
veía	veían

CD 2-28
▶
DL 110

2　点過去と線過去の使い分け

　1）点過去：1回（または特定回）の終了した出来事。開始・終了を含む出来事全体を表す。
　　線過去：反復（不定回）または継続する出来事。開始・終了は含意しない。

　　La semana pasada *cenamos* en un restaurante.

　　Antes *cenábamos* en un restaurante a menudo.

　2）2つの過去の出来事のうち、背景となる状況は線過去。その中で生起した1回（または特定回）の出来事は点過去、反復または継続していた出来事は線過去。

　　Cuando *sonó* el teléfono, *veíamos* la televisión.

　　Cuando *éramos* niños, *vivíamos* cerca del mar e *íbamos* a la playa a menudo.

　　Laura *dijo/decía* que *trabajaba* en esa cafetería.（時制の一致）

3　比較

　1）比較級

優等比較「～より...」　　　　**más** 形容詞・副詞... **que** ～　　　　Ella es *más* alta *que* yo.
劣等比較「～ほど...でない」　**menos** 形容詞・副詞... **que** ～　　Ella es *menos* alta *que* yo.
同等比較「～と同じくらい...」　**tan** 形容詞・副詞... **como** ～　　Ella es *tan* alta *como* yo.

◇優等比較の不規則形（más をつける代わりに1語となる）

　bueno/bien → mejor, malo/mal → peor, mucho → más, poco → menos

　Sara baila *mejor* que Laura.

　grande, pequeño は具体的な物の大きさを言う場合は規則形。抽象的な大小、年齢の上下は不規則形。

　grande → mayor, pequeño → menor

　Tu padre es *mayor* que el mío.

◇同等比較の不規則形（tan をつける代わりに1語となる）**mucho → tanto**

　Juan lee *tantos* libros como María.

　2）最上級「～の中でいちばん...」

　el（**la / los / las**）（＋名詞）＋ **más** 形容詞... **de** ～　　[定冠詞＋比較級]

　Antonio es *el*（*chico*）*más* alto *de* esta clase.

CD 2-29
DL 111

① 次の不定詞を直説法線過去に変化させましょう。

ser		ver		ir	

estar		hacer		decir	

② （　　）内を 直説法線過去の正しい形にしましょう。また、① の表のように、変化させましょう。

1. En esa época（haber　　　　　　　）un puente romano.

2. De pequeño me（dormir　　　　　　　）en clase.

3. Todos los días（pasear, *ellos*　　　　　　　）con su perro.

4. Cuando（ser, *nosotros*　　　　　　　）pequeños,（navegar　　　　　　　）en barco con nuestro abuelo.

5. Aquel verano（hacer　　　　　　　）mucho calor y（estar, *nosotros*　　　　　　　）todos cansados.

③ 昔の作文を見つけました。その文を、過去形に直しましょう。

1. Empiezo un curso de música porque me gusta tocar el violín.

2. Todos los días voy a la clase y practico el violín. Como el violín pesa mucho, me duelen los hombros.

3. Quiero ser violinista.

4. Normalmente me acuesto pronto para ensayar antes de ir al instituto.

④ （　　）内を直説法線過去の正しい形にしましょう。

1. Mi madre me dijo que（venir　　　　　　　）mi abuela a visitarnos.

2. Ellos sabían que no（deber　　　　　　　）comer cosas tan dulces.

3. Juan me dijo que le（gusta　　　　　　　）ir al cine.

4. Creímos que tú（divertirse　　　　　　　）con el programa.

⑤ （　　）の語を必要に応じて適切な形にし、身長の比較をしましょう。

1. María es más（　　　　　　）que Carla.　　　　　　（alto）

2. Juan es más（　　　　　　）que Carla.　　　　　　（bajo）

3. Juan es menos（　　　　　　）que María y Carla.　　（alto）

4. María y Carla son menos（　　　　　　）que Juan.　（bajo）

5. María es（　　　　　　）de los tres.　　　　　　（alto 最上級）

6. Juan es（　　　　　　）de los tres.　　　　　　（bajo 最上級）

7. Lourdes es tan（　　　　　　）como Carlos.　　　（alto）

8. Carlos es tan（　　　　　　）como Lourdes.　　　（alto）

⑥ 囲みの中から正しい単語を選び、適切な形にしましょう。（重複選択可）

mejor	mayor	menor	peor	más	tanto	el	la	los	las

1. Carlos es más alto que Juan pero Juan es（　　　　　　）que Carlos.

2. La profesora Echeverría nos daba（　　　　　　）deberes como el profesor Ochoa.

3. Estos edificios son（　　　　　　）（　　　　　　）altos de Hong Kong.

4. Fukushima vive el（　　　　　　）accidente nuclear después de Chernóbil*.

*チェルノブイリ原発（Chernóbyl とも表記される）

Unidad 12

Diálogos y Lectura

Diálogos 会話を聞いて、スペイン語を話してみましょう。

CD 2-30
DL 112

1. ¿Qué quería usted?

Lourdes：Me iba de compras, pero no encuentro mi monedero.

Miguel：No hay problema. Te presto. ¡Vamos!

Lourdes：Gracias. Primero a la panadería. ¿Te importa?

Miguel：No me importa. ¿Qué querías?

Lourdes：Pues una bolsa de pan de molde* y una barra de pan.

（Después de la panadería, a la relojería）

Dependiente：¿Qué querían ustedes?

Lourdes：Pues un reloj para su cumpleaños.

Miguel：¿Me lo compras? Necesito tiempo para decidir.

Lourdes：Lo sabía. Por eso primero compramos el pan.

Miguel：Pero la persona que tiene que pagar… ¿ soy yo?

*pan de molde 製造会社名から pan Bimbo とも言われる

CD 2-31
DL 113

2. ¡El tiempo vuela!

Isabel：Mi iphone funciona peor que el móvil que tenía antes.

Madre：¿Y eso?

Isabel：Va todo bien menos la voz. La voz era mucho mejor con el móvil que con este iphone. Me pone nerviosa.

Madre：Pero bueno, en mi época no había teléfono en cada casa. Y los vecinos que tenían necesidad del teléfono por su trabajo o eran ricos, se lo ponían en su hogar.

Isabel：¿No lo tenías en casa? ¿No era incómodo?

Madre：Todavía me acuerdo que mi abuela para la felicitación de mi cumpleaños, me llamaba al teléfono del vecino, y el vecino venía corriendo a mi casa. Por supuesto que yo tenía que ir a la casa del vecino para hablar con mi abuela.

CD 2-32
DL 114

3. Baile

Emilio：¿Sabías que en España no solo existe el flamenco sino muchos bailes tradicionales de cada región?

Misaki：No, no lo sabía. Creía que el flamenco era el único baile español.

Emilio：Conoces a Elena y Raquel, ¿verdad?

Misaki：Sí, las conozco. Elena es la chica un poco menos alta que Raquel, ¿no?

Emilio：Sí. Las dos bailan. Elena pertenece a un grupo de baile tradicional y ganó el primer premio de la provincia.

Misaki：¡Qué bien! Entonces, ¿Elena baila mejor que Raquel?

Emilio：Elena baila tan bien como Raquel. Ella es de un grupo de baile pero no del tradicional.

Misaki：Pues ¿Raquel sabe bailar más tipos de baile?

Emilio：Puede ser que sí. Veía a Raquel bailar flamenco y salsa algunas veces.

CD 2-33
DL 115

Lectura 次のスペイン語を読んでみましょう。

> **Un cuento** ある物語
>
> Cuenta la historia[1) que en un reino no muy lejano había una princesa en un castillo. Todos menos su madrastra la querían. La madrastra le tenía envidia. A la princesa le gustaba ver las estrellas del cielo al anochecer y antes del amanecer. La madrastra sabía que la princesa se levantaba más temprano que nadie, decidió tenderle una trampa a la hijastra. "¿Princesa, sabías que la luna no era solo una?", le preguntaba la reina madrastra. "No lo sabía, mi reina. ¿Dónde está la otra?", le respondió la princesa. "Nos vemos esta noche en el faro del acantilado y te la enseño allí", dijo la reina. En el faro la reina le dijo "mira, aquí abajo" y cuando se inclinaba a mirar, la reina la empujó. La pobre princesa cayó al mar, al agua más oscura que la noche sin luz. Una estrella que la amaba muchísimo todavía la busca al anochecer y antes del amanecer. Se cree que la puede encontrar en los momentos que a la princesa le gustaba ver las estrellas.
>
> Colorín colorado este cuento se ha acabado[2).

1）cuenta la historia 昔話の始まり（〜というお話なんです）

2）colorín colorado este cuento se ha acabado 昔話の結びの言葉（おしまい）

Práctica

1. 例にならって、何をしていたかを尋ね、答えましょう。4) の表も作りましょう。

例) A：¿Qué hacías cuando eras pequeño?　B：Cuando era pequeño, recogía muchas bellotas.

例)	1)	2)	3)	4)
いつ pequeño（tú）	niño （Ana）	joven （usted）	joven （vosotros）	
行動 recoger muchas bellotas	hacer gimnasio rítmico	estudiar en la biblioteca	ir a sacar agua del pozo	

1) _____

2) _____

3) _____

4) _____

2. 3人は、Virginia ＞ Marisol ＞ Antonio の順に背が高いです。（　　）に適切な語を入れましょう。

1) Virginia es（　　　　　　　　　　　）de todos.

2) Virginia es（　　　　　　　　　　　）que nadie.　（Virginiaより～という人はだれもいない）

3) Virginia es（　　　　　　　　　　　）que Marisol y Antonio.

4) Marisol es（　　　　　　　　　　　）que Virginia.

5) Marisol y Antonio son menos（　　　　　　　　　）que Virginia.

6) Marisol y Antonio son más（　　　　　　　　　）que Virginia.

7) Antonio es（　　　　　　　　　）de todos.

8) Antonio es menos（　　　　　　　　　　）que Marisol y Virginia.

9) Antonio es más（　　　　　　　　）que Marisol y Virginia.

Unidad 12

3. それぞれの表現に即した意味合いになるよう、（　　）を補いましょう。

(rápido ⇔ lento)

Beatriz corre más rápido que Juan.

Juan corre menos（　　　　　　　　）que Beatriz.

Juan corre más（　　　　　　　）que Beatriz.

Juan no corre tan（　　　　　　　）como Beatriz.

(mucho ⇔ poco)

Juan tiene más zapatos que Beatriz.

Beatriz tiene（　　　　　　　）zapatos que Juan.

Beatriz no tiene（　　　　　　　）zapatos que Juan.

Jorge y Fernando tienen muchas mochilas.

Jorge tiene（　　　　　　）mochilas como Fernando.

(bueno ⇔ malo, bien ⇔ mal)

El coche azul es mejor que el rojo.

El coche rojo es（　　　　　　　）que el azul.

El coche rojo no es tan（　　　　）（　　　）el azul.

Este ordenador funciona mejor que el mío.

Mi ordenador funciona（　　　　）que este.

Mi ordenador no funciona tan（　　　）（　　　）este.

(grande ⇔ pequeño)

Jorge es 3 años mayor que Fernando.

Jorge es（　　　　　　　　）que Fernando.

Fernando es（　　　　　）que Jorge.

Fernando es 3 años（　　　　　　）que Jorge.

Felipe usa la talla más grande que Julián.

Julián es menos（　　　　　　　）que Felipe.

Julián es más（　　　　　）que Felipe.

Repaso 4　Unidad 10-12

① （　　）内の動詞を直説法点過去の正しい形にして入れ、文を完成させましょう。

1. Mucha gente（morir　　　　　　　　）en la Segunda Guerra Mundial.
2. Ramón y Miguel（nacer　　　　　　　　）en Guernica.
3. El teatro de ayer（ser　　　　　　　　）un fracaso.
4. Tú me（proponer　　　　　　　　）participar al curso internacional.
5. Yo（hacer　　　　　　）deporte para mantener la salud pero ya no quiero hacerlo.
6. Nosotros（saber　　　　　　　　）la noticia del terremoto anoche.

② 次の文に（　）の表現を入れ、直説法線過去の文を作りましょう。

1. Puedo fumar en cualquier sitio.　　　　　（en aquella época）
2. Hacemos una tarta de manzana.　　　　　（a menudo）
3. Yo juego al fútbol.　　　　　　　　　　（cuando era niño）
4. Sachiko tiene un perro.　　　　　　　　（antes）
5. Vive una princesa en un país muy lejano.　（hace muchos años）
6. Tu padre baila muy bien.　　　　　　　（de joven）

③ 例にならって、何をしていたかを尋ね、答えましょう。

例）¿Qué hacías cuando yo llegué a la parada? –Cuando llegaste (a la parada), yo leía un libro.

例）	1.	2.	3.
時点　llegar a la parada (yo)	terminar de estudiar (yo)	ir a la consulta del médico (yo)	perder la mochila (yo)
行動　leer un libro	ver la tele	limpiar la casa	intentar encontrarla

1. _____
2. _____
3. _____

④ de, que, como のいずれかを入れ、意味の通る比較や最上級の文にし、和訳しましょう。＊19. 20. は和訳のみ。

1. Pablo es tan alto（　　　　　　　）Miguel.
2. Fernando es el más alto（　　　　　　　）la familia.
3. Juan es menos alto（　　　　　　　）Fernando.
4. María es más alta（　　　　　　　）Rodrigo.
5. Ana y Catalina son menos altas（　　　　　　　）Fernando.
6. Javier y Jorge son los chicos más listos（　　　　　　　）la clase.
7. Francisco trabaja más（　　　　　　　）nadie.
8. Estos vinos son tan buenos（　　　　　　　）los vinos de Francia.
9. Mariana estudia tanto（　　　　　　　）su hermana.
10. Javier y Jorge corren tan rápido（　　　　　　　）Fernando.
11. Carla tiene tantas revistas（　　　　　　　）mi hermana.
12. Inés tiene tantos bolsos（　　　　　　　）Margarita.
13. No estudia nadie más（　　　　　　　）Ana.
14. Nadie estudia más（　　　　　　　）Ana.
15. La talla de Isabel es igual（　　　　　　　）la de su hermana.
16. Estas preguntas son diez veces más difíciles（　　　　　　　）esas.
17. Lo más importante（　　　　　　　）todo es la vida.
18. No hay nada mejor（　　　　　　　）vivir bien.
19. La paella está riquísima.
20. Ana y Felipe saben muchísimo.

⑤ 下線部がある場合は下線に注意しながら、（　　　）に直説法点過去、線過去の正しい形を入れましょう。

1. <u>Antes</u> no (querer, *yo*　　　　　　　) tomar las aceitunas.

2. El cartero (llamar　　　　　　　) a la puerta pero nadie le (contestar　　　　　　　).

3. <u>Hace una semana</u> el padre de Misaki (volver　　　　　　　) a Japón.

4. Cuando mi padre (ser　　　　　　　) niño, le (gustar　　　　　　　) jugar al fútbol.

5. Cuando Juan (venir　　　　　　　) a verme, mis padres (estar　　　　　　　) muy ocupados.

6. <u>Todos los fines de año</u> mi novio (volver　　　　　　　) a su tierra natal.

7. (Ser　　　　) la una de la noche cuando vosotros (perder　　　　　　　) el último autobús nocturno.

8. (Ser　　　　) las seis de la mañana cuando Luis (levantarse　　　　　　　) para ir al rastro*.

9. Muchas veces (volver, *yo*　　　　　　) a comprar las tartas de la tienda porque me (gustar　　　　　) mucho.

10. Normalmente Elena (tocar　　　　　　) el violín pero aquella noche (tocar　　　　　) el piano.

11. Como Raquel (estudiar　　　　　　) todos los días, (aprobar　　　　　) el examen.

*ラストロ、蚤（のみ）の市

⑥ スペイン語に訳しましょう。

1. 私はリンゴを食べた。

2. 私が大学を卒業 (graduarse en) したのは 2018 年のことであった。(cuando を使う)

3. 私の父が子供であったころ、よくサッカーをしたものだ。

4. 私の母が若かった (joven) ころ、ここにはディスコ（una discoteca）があった。

5. 彼が大学に到着したのは、午後 6 時であった。(cuando を使う)

6. 彼女が食堂 (el comedor) に来た時、私たちは食べ物を注文 (pedir la comida) していた。

7. 以前私たちは一緒に出掛けた (salir) ものだ。

8. 君が顧客対応していた (atender a los clientes) 時に、Manuel から私に電話があった。

9. 私たちは試験に合格したので (aprobar el examen) 祝杯をあげること (brindar) ができた。

10. 私はよくその図書館で勉強したものだ。

11. 私の兄は Madrid に 8 年住んだ。

12. 私の兄が Barcelona に住んでいた時、私は一度会いに行った。

CD 2-34
DL 116

1 **¿Habéis comido ya? —No, no hemos comido todavía.**
君たちはもう食事した？ －ううん、まだ食べてないよ。

2 **¿Has estado alguna vez en España? —Sí, he estado una vez.**
君はスペインへ行ったことがありますか？ －はい、一度行ったことがあります。

3 **Cuando llegué a la estación, el tren ya había salido.** 駅に着いた時、電車はもう出た後でした。

1 直説法現在完了

1）活用形 ... **haber** 直説法現在 ＋ 過去分詞（不変化）（過去分詞→3課）

he	hemos
has	habéis
ha	han

＋ **-ado / -ido**（不規則あり）

CD 2-35
DL 117

hablar

he hablado	hemos hablado
has hablado	habéis hablado
ha hablado	han hablado

comer

he comido	hemos comido
has comido	habéis comido
ha comido	han comido

levantarse

me he levantado	nos hemos levantado
te has levantado	os habéis levantado
se ha levantado	se han levantado

2）用法

a）完了「（現在までに）～し（てしまっ）た」
Ya *he hecho* los deberes.
特に「今日」「今週」「今年」など発話時を含む時間表現と共に用いられる。
Carmen y José *han llegado* a Tokio esta mañana.

b）経験「～したことがある」
¿*Has visto* alguna película española? –Sí, *he visto* algunas. / No, no *he visto* ninguna.

c）継続「（ずっと）～してきた」
Siempre *he querido* ver una zarzuela.

2 直説法過去完了

1）活用形 ... **haber** 直説法線過去 ＋ 過去分詞（不変化）

había	habíamos
habías	habíais
había	habían

＋ **-ado / -ido**（不規則あり）

CD 2-36
DL 118

hablar

había hablado	habíamos hablado
habías hablado	habíais hablado
había hablado	habían hablado

comer

había comido	habíamos comido
habías comido	habíais comido
había comido	habían comido

levantarse

me había levantado	nos habíamos levantado
te habías levantado	os habíais levantado
se había levantado	se habían levantado

2）用法

過去のある時点までの完了、経験、継続を表す。
Cuando me llamaste, ya *me había acostado*.　　María dijo que *había estado* en Nueva York.

CD 2-37
DL 119

① 次の不定詞を直説法現在完了に変化させましょう。

tomar			beber			abrir		

leer			volver			escribir		

② （　　　）内を直説法現在完了の正しい形にし、和訳しましょう。

1. ¿(Comer   ) ya, chicos? –Sí, ya (comer   ).

2. Jorge, ¿(terminar   ) el trabajo de hoy? –No, todavía no (terminar   ).

3. ¿A qué hora (levantarse, *tú*   ) esta mañana?

 –Esta mañana (levantarse   ) a las seis.

4. ¿Me (oír, *tú*   ) bien?

 –Sí, te (oír   ) bien.

5. ¿(Estar, *ustedes*   ) alguna vez en los países asiáticos?

 –Sí, (estar   ) tres veces en Corea.

6. ¿(Ver, *usted*   ) alguna vez una pintura tan bonita? Nunca (ver   ).

③ （　　　）内を直説法過去完了の正しい形にし、和訳しましょう。

1. Chicos, ¿(terminar   ) de comer cuando vino el señor?

2. Jorge, ¿(acabar   ) el asunto cuando te llamé?

3. ¿Qué (oír, *tú*   ) aquella noche hasta muy tarde en la radio?

 –(Oír   ) las noticias de Tsunami de Indonesia.

4. ¿(Estar, *ustedes*   ) alguna vez en Japón antes de venir a Filipinas?

 –Sí, (estar   ) una vez.

5. Nunca (ver, *yo*   ) un edificio tan peculiar antes de visitar la Sagrada Familia.

6. Cuando llegué al auditorio, ya el acto (empezar   ).

④ 下線部を直説法点過去に変えて、全文を書き換えましょう。

1. Julio <u>dice</u> que no pudo entrar en el museo por no ser socio.

2. Julio y Gerardo <u>dicen</u> que ya pagaron la matrícula.

3. ¿Tú le <u>preguntas</u> al estudiante dónde perdió el libro de texto?

4. Antonio <u>confiesa</u> que se comió el pastel de Juan.

5. Vosotros nos <u>decís</u> que no habéis traído el paraguas.

6. Tú me <u>dices</u> que el vecino se ha ido a Argentina.

CD 2-38
DL 120

Diálogos 会話を聞いて、スペイン語を話してみましょう。

1. ¿Qué me dices?

Antonio：Marta, ¿has traído tu chubasquero?

Marta：No, no lo he traído.

Antonio：Te he dicho que lo necesitábamos.

Marta：¿Qué me dices? ¿Me lo has dicho?

Antonio：Sí, claro, antes de marcharnos de casa.

Marta：¿Estás seguro?

Antonio：Sí. Porque si no hay chubasqueros, no podemos hacer la excursión de las cataratas.

Marta：Bueno, a mí no me importa mojarme.

CD 2-39
DL 121

2. Varias llamadas

Jorge：¿Me llamaste anoche, Marta?

Marta：Sí, te llamé pero no me contestaste.

Jorge：Cuando me llamaste, ya se me había quedado sin batería el móvil.

Marta：Te llamé varias veces. Antes de la llamada de la noche, ya te había llamado por lo menos tres veces.

Jorge：No puede ser. ¡Oye!, ¿tienes otro móvil? Porque había llamadas desconocidas.

Marta：Tienes razón. Uno de trabajo y otro personal.

CD 2-40
DL 122

3. ¿Has desayunado con mi tomate?

Juan：¿Has desayunado esta mañana con el tomate del frigorífico?

Felipe：No. ¿Por qué me lo preguntas?

Juan：Es que no está.

Felipe：Es que no hay.

Juan：Y ¿eso?

Felipe：Ayer lo tomé para hacer pan con tomate.

Juan：¡Qué morro!

CD 2-41
DL 123

Lectura 次のスペイン語を読んでみましょう。

¿Quién descubrió América? 誰がアメリカを発見したのか？

¿Conoce usted a Américo Vespucio? En su tierra natal, Italia, se escribe Amerigo Vespucci. En Japón Cristóbal Colón es más conocido que él, pero este es un explorador muy famoso porque el Nuevo Mundo se llama América en su honor. Cuando llegó Américo Vespucio al Nuevo Mundo, Cristóbal Colón ya lo había descubierto en 1492. En 1503 Américo Vespucio publicó una obra, "el *Mundus Novus*" que significa "el Nuevo Mundo". Allí se refirió a un nuevo continente porque Cristóbal Colón pensaba que el Nuevo Mundo era la India. Cuando Martin Waldseemüller[1] y Matthias Ringmann[2] publicaron un libro sobre la geografía del mundo, donde salía el nombre de América, Cristóbal Colón ya había muerto en 1503.

1）マルティン・ヴァルトゼーミュラー（ドイツの地理学者） 2）マティアス・リングマン（ドイツの地理学者）

■ コラム スペインの朝食

スペイン人は一日に何回も食べるため、一般家庭の朝食は日本人には物足りない。シリアル派もいれば、マグカップ以上どんぶり未満のカップになみなみと **café con leche** を注ぎ、**nutella**（ヘーゼルナッツベースのチョコ風味ペースト）をサンドしたビスケットやミニマドレーヌ、バターとジャムを大量にのせたトーストなどをそのコーヒーに浸して食べる。甘党でない人は、フランスパンや田舎パンをカリカリにトーストしたところに、トマトやお好みでニンニクをこすりつけ、オリーブ油と塩で仕上げる。ちなみに、皮だけ奇妙に残ったトマトは口に入ることなく捨てられてしまう。いずれにせよ、台所でラジオをお供にさっさと済ませる。週末となると、家族構成によっても異なるが、**panadería** 自家製の名物パンや **churrería** の **churros** を持ち帰ったり、散歩がてら朝食を食べに行ったりする。筆者が滞在した近くの **bar** では、**croissants a la plancha**（鉄板にバター、クロワッサンをのせ、上から熱い鉄板でペチャンコにプレスし、ナッツ、チョコレート、蜂蜜に粉砂糖を山ほどかけたもの）が看板メニューであった。

Práctica

1. 例にならって、何をしていたか尋ね、答えましょう。

例）A：¿Qué has hecho hoy? B：He ido al banco.

例）	1)	2)	3)
誰　　tú いつ　hoy	vosotros esta tarde	Marisa y Fernando esta noche	usted esta semana
行動 ir al banco	estudiar en la biblioteca	salir para pasear a su perro	preparar para la conferencia

1) _____

2) _____

3) _____

2. 例にならって、経験を尋ね、答えましょう。

例）A：¿Has estado alguna vez en Barcelona? B：No he estado nunca.

例）	1)	2)	3)
誰　　tú 場所　Barcelona	vosotros Bogotá	ustedes Nara	tu hijo Londres
回数　0	2	1	muchas veces

1) _____

2) _____

3) _____

3. 例にならって、文を作りましょう。

例）Cuando yo llegué a la parada, ya había parado de llover.

例）	1)	2)	3)
過去のある時点 llegar a la parada	Juan volver de México	Ana salir para trabajar	mi abuela morir
完了した行為 parar de llover	sus padres vender la casa	su hermano despertarse	la Guerra Civil terminar

1) _____

2) _____

3) _____

4. 例にならって、つぎの文章を「（　）が私に～かと尋ねた。」という形にしましょう。

例）（mi madre）/ ¿Juan llegó al castillo de Osaka sin problema?
→ Mi madre me preguntó si Juan había llegado al castillo de Osaka sin problema.

1)（María）/ ¿Rubén compró el último modelo del iphone?

2)（vosotros）/ ¿Cuándo fue Carmen a París de excursión?

3)（Francisco y Alfonso）/ ¿Cuándo se despertó el bebé?

CD 2-42
DL 124

1 **He leído una de las novelas más vendidas.** 私はベストセラーの小説のひとつを読みました。
2 **Las ventanas están cerradas y la puerta está abierta.** 窓は閉まっているが、ドアは開いている。
3 **Esta obra de teatro fue escrita por Cervantes.** この戯曲はセルバンテスによって書かれた。

1 過去分詞 (2)

過去分詞は主動詞に対する「完了」「前時」を表す。他動詞の場合「受身」の意味が加わる。
また再帰動詞は過去分詞をつくる際、seが落ちる。下記5)［完了時制］を除く。

cerrar「閉める」 ─────────→ cerrado「閉められた」「閉まった」
cerrarse「閉まる」 ────────↗ ＊cerrarseは自動詞化用法の再帰動詞

従って、cerradoは「閉められた」と「閉まった」の2つの意味がある。

1) ［形容詞的用法］(3課)「～した」「～された」 ＊過去分詞は名詞の性数に一致（-o,a,os,as）
   Delante del piso hay un coche *aparcado*.
   El camarero nos acompañó a la mesa *reservada*.

2) ［結果状態］**estar** + 過去分詞＊「～して（されて）いる」＊主語に性数一致
   La tortilla española *está* recién *hecha*.
   Los alumnos *están sentados* en su pupitre.

3) ［受身］**ser** + 過去分詞＊（+ **por** ...）「(...によって)～される」＊主語に性数一致
   La puerta principal *fue cerrada por* el portero.
   El actor *ha sido recibido* con un aplauso por los espectadores.

4) ［副詞的用法］「～して」「～されて」＊自動詞主語または他動詞目的語に性数一致
   Terminado el trabajo, me retiraba a dormir a mi cuarto.
   Muertos sus padres, la niña empezó a vivir con su abuela.
   Su esposa salió de casa *enfadada*.

5) ［完了時制］(13課) **haber** + 過去分詞＊   ＊過去分詞の性数一致はない
   完了時制では再帰代名詞が残る。
   De repente *se ha cerrado* la puerta.
   Los niños ya *se habían levantado*.

2 2つの受身文

1) 再帰受身
   主語は物に限られる。動作者には言及せず、動作者不定の表現として用いられる。
   Esta catedral *se construyó* en el siglo XIII.

2) **ser** + 過去分詞（+ **por**）
   主語に制約はない。動作者は por~ によって表現できる。
   Esta catedral *fue diseñada por* Gaudí.

Ejercicios

CD 2-43
DL 125

① 次の不定詞を過去分詞にしましょう。

morir →	poder →	poner →
romper →	oír →	escuchar →
caer →	tener →	ir →
sentar →	sentir →	construir →

Unidad 14

② [　　] に estar か ser の指示された時制を、（　　）には過去分詞を入れ、文を完成させましょう。

*現在→現、点過去→点、線過去→線とする。

1. El coche [現　　　　] (aparcar　　　　　　　) en la calle.
2. El coche [現　　　　] (aparcar　　　　　　　) por Roberto ahora.
3. La muchacha [線　　　　] (proteger　　　　　　　　) en un lugar mientras la policía
   buscaba al sospechoso.
4. La muchacha [点　　　　] [proteger　　　　　　　] por la policía la semana pasada.
5. El artículo [現　　　　] (escribir　　　　　　) y lo voy a publicar.
6. El artículo [点　　　　] (escribir　　　　　　) por Antonio Gala hace unos años.

③ （　　）内を過去分詞の正しい形にし、和訳しましょう。

1. El estudiante volvió a casa (cansar　　　　　　　　　).
2. Las chicas salieron del bar (enfadar　　　　　　　).
3. (Caducar　　　　　　　) el día de descarga ya no se puede hacer nada por el ordenador.
4. El portavoz fue (elegir　　　　　　　　) por el jefe del partido político.
5. (Acabar　　　　　　　) el café, Miguel se levanta de la mesa.
6. Esta obra fue (acabar　　　　　　　　) por los albañiles.

④ 文脈に合うよう、動詞の現在または点過去、もしくは過去分詞の正しい形を入れましょう。

1. "La familia de Pascual Duarte" se (escribir　　　　　　　　　) en el siglo XX.
2. La obra de "La familia de Pascual Duarte" fue (escribir　　　　　　　) por Camilo José Cela
   en 1942.
3. ¿Qué idioma se (hablar　　　　　　　) en Israel?
4. El hebreo es (hablar　　　　　　) principalmente por los judíos.
5. ¿Cómo se (llamar　　　　) el nombre de esa uva? –Se (llamar　　　　　　) tempranillo.
6. Pedro I de Castilla fue (llamar　　　　　　) *el Cruel* por sus enemigos y *el Justiciero* por sus
   partidarios.

⑤ 次の対話を、意味が通るように結びましょう。

1. ¿Qué ves?
2. ¿Dejaste las ventanas abiertas?
3. ¿Qué es "el Tunchi" peruano?
4. ¿Tenéis una habitación reservada para este fin de semana?
5. Aquél día nos enfadamos mucho con Luis.
6. ¿Por qué lloras?

a. No, no la tenemos.
b. Porque se había marchado sin pagar.
c. Porque mis padres salieron de mi piso enfadados.
d. Es uno de los espíritus que protege la selva tropical que fue nombrado así.
e. No, fueron cerradas por mi madre por el frío.
f. Veo a mi izquierda unos coches mojados.

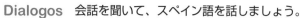

Dialogos 会話を聞いて、スペイン語を話しましょう。

CD 2-44

DL 126

1. Un convento

Javier ： ¡Qué pesado el viaje!

Carlos ： Pero, ¿ves ese convento tan bonito?

Javier ： Cierto. Se construyó con una piedra bonita.

Carlos ： Sí, son piedras especiales y talladas para el convento.

Javier ： ¿Por qué son especiales?

Carlos ： Bueno, las piedras no son de esta provincia sino que se trajeron de otra provincia.
Las piedras sacadas de la montaña se pulieron allí, y así salen colores especiales.

Javier ： No lo sabía. Por eso el edificio del convento tiene un tono rosado.

Carlos ： Además, todas las piedras fueron donadas por los creyentes.

Javier ： ¿Cómo lo sabes?

Carlos ： Si miras las piedras con atención, puedes encontrar varias señales.

Javier ： ¡Es verdad! Cada piedra tiene su sello.[1] Pero son como dibujos de niños o signos de OVNI[2].

1）刻印　2）Objeto volante no identificado

CD 2-45
DL 127

2. ¿Podemos salir ya?

Padre ： Por fin, estamos en el coche. ¿Estáis listos ya?

Misaki ： Las luces de casa están todas apagadas.

Toni[1] ： Las ventanas ya habían sido cerradas.

Padre ： ¿Habéis mirado el fuego de la cocina?

Toni ： Padre, ya no hay fuego en casa. Es vitrocerámica, la encimera es de vitrocerámica[2].

Padre ： De repente se ha cambiado la encimera, me da igual si es de gas o de electricidad.

Misaki ： Bueno, ¿quién ha cerrado la puerta de la entrada con la llave?

Toni ： Pues, yo no. Porque no la tengo, ni tú, Misaki.

Padre ： ¿Qué quieres decir con eso?

Misaki ： Eres la única persona que tiene la llave del piso. Y, ¡te toca cerrar!

1）Antonio の愛称　2）IH クッキングコンロ

CD 2-46
DL 128

Lectura 次のスペイン語を読んでみましょう。

Catedrales 大聖堂

En los países católicos hay muchos edificios de ermitas, capillas, santuarios, colegiatas[1], iglesias y catedrales. En ocasiones, las obras de construcción de las iglesias y las catedrales, se dilataban en el tiempo durante siglos y siglos.

La catedral de Colonia, conocida por ser la construcción de estilo gótico más grande, se comenzó en el año 1248 y fue definitivamente terminada en 1880. La excesiva duración de las obras no solo se debió a los problemas económicos en el siglo XVI, sino también a la interrupción de la misma como consecuencia de la reforma protestante[2]. La finalización de la catedral fue apoyada en el siglo XIX por el emperador alemán, Federico Guillermo IV[3] y después de su muerte, por Guillermo I[4], el emperador de Alemania y rey de Prusia. En la Segunda Guerra Mundial la catedral fue bombardeada por los franceses e ingleses y sufrió destrozos.

1）僧院、礼拝堂、祠、（参事会管理の）教会　2）（主にルターやカルヴァンによる）宗教改革。2017 年宗教改革 500 年祭開催。
3）フリードリヒ・ヴィルヘルム4世（1795-1861）　4）ヴィルヘルム1世（1797-1888）、フリードリヒ・ヴィルヘルム4世は兄

1. 例にならって、どんな状態か尋ね、答えましょう。

例) A：¿Qué hace (Cómo está) el niño?　B：El niño está sentado.

例)		1)	2)	3)	4)
誰	el niño	los bebés	el coche	Juana	las maletas
動詞	sentar	dormir	mojar	cansar	perder

1) _____

2) _____

3) _____

4) _____

2. スペイン語で書かれた履歴書です。右の a.～ i. の過去分詞から正しいものを選び、空欄A,B,C（A 学士、B 会話力、C 筆記力）を埋めましょう。完成したら読み上げ、この手本にならって、自分の略歴を書いてみましょう。

CRISTINA GONZÁLEZ MADRID

Fecha y lugar de nacimiento：01/11/1999 Salamanca
Dirección：C/Soria, 8, 5º B
C.P. 12345 Salamanca
Teléfono：＋34 634 123 123
e-mail：cristina0101@ outlook.com

FORMACIÓN
2017-2021　　　　___A___　　en Ciencias Económicas y Empresariales
　　　　　　　　　Universidad de Salamanca

FORMACIÓN COMPLEMENTARIA
2018　　　　　Curso de Gestión Empresarial. Cámara de Comercio* 200 horas.

IDIOMAS
Japonés：___B___. Nivel alto
Inglés：___B___ y ___C___. Nivel alto.
Chino：Conocimientos básicos.

a. estudiado
b. escrito
c. compuesto
d. hablado
e. licenciado
f. licenciada
g. charlada
h. cansada
i. escrita

---

c/ → calle　　5º → quinto piso (1ª → primera)　　C.P. → código postal

Teléfono ＋34 スペインの国番号　　*商工会議所

¿Quiere más detalle?　abreviatura 略語

スペイン語の略語には、truncamiento（略式形：最後の音節を省く）と contracción（縮小形：中央の文字を省略して重要な部分を残す）などがあります。例えば、compañía は略式形では Comp. 縮小形では Cía., C.ᶦᵃ などと省略します。複数形は頭文字を2回繰り返すものや、s をつけるものがあります。例えば、Estados Unidos（アメリカ合衆国）は、EE.UU.、ustedes は Uds. となります。c/ は特殊な形です。
その他よく見かける略語としては、
Sr. (señor), Sra., Sr.ᵃ, S.ᵃ(señora), Srta. (señorita), av. avd. avda. (avenida), s. sig. (siglo, siguiente), tel., teléf., tfno. (teléfono), pág.(página), págs.(páginas), párr. (párrafo), cód. (código), pl., plza. (plaza), Prof. (profesor), Prof.ᵃ (profesora) などがあります。
ただし profesora に関しては、中南米などでは Profa. のように、a が f の後につくこともあります。

CD 2-47
DL 129

1 ¿Qué estás haciendo? —Estoy viendo un vídeo en Internet.
君は何をしているところ？ －ネットで動画を見ているよ。

2 ¿Sigues aprendiendo español? —Sí, sigo haciéndolo.
君はスペイン語の勉強を続けてる？ －うん、続けているよ。

3 Siendo amigas, siempre viajan juntas.　友達なので、彼女たちはいつも一緒に旅行する。

4 ¡Qué buen tiempo hace hoy!　今日はなんていい天気なんだろう！

1 現在分詞

1）主動詞との「同時性」、主動詞に対する「未完了」を表す。

-ar→-ando	hablar→ hablando
-er/-ir→-iendo	comer→ comiendo, vivir→ viviendo

［不規則形］

　語幹母音変化 (-ir 動詞) sentir→ sintiendo, dormir→ durmiendo, pedir→ pidiendo, decir→ diciendo,
　　　　　　　　　　　venir→ viniendo, seguir→ siguiendo

　他に poder→ pudiendo, reír(現在 1 人称単数形 río)→ riendo

　綴り字変化 (母音間 i→ y) oír→ oyendo, leer→ leyendo, huir→ huyendo, traer→ trayendo, caer → cayendo
　　　　　(語頭 i→ y) ir→ yendo

　　　　　　　　　　　　　　　　　　　*目的語代名詞 （再帰含む） は原則直後に後置 reírse→ riéndose

2）［進行形] estar + 現在分詞「～しつつある、している」。　*時制は estar の活用により表す

　Los alumnos *están estudiando* en la biblioteca.

　Ayer *estuvo lloviendo* todo el día.

　Yo *estaba preparando* la cena cuando hubo un terremoto.

　estar以外の動詞を用いて進行形的な表現をする場合もある。

　Voy corriendo a clase.

　Mi hermano *sigue practicando* fútbol.

3）［副詞的用法］主動詞との同時性「～しながら」を表すのが基本の用法である。

文脈により「～すると」（条件）、「～なので」（原因）等の意味になることもある。

　Su esposa salió de casa *llorando*.

　Subiendo esta cuesta, se ve la torre de Tokio.

　Hablando del examen, ¿cómo te salió?　　　　　　（hablando de～「～と言えば」）

4）［使役・知覚構文］使役（放任）や知覚の動詞と共に用いられ、行為の進行中を表す。

　La madre *dejó al niño viendo* la televisión.

　Oí a Juan tocando la guitarra.

CD 2-48
DL 130

2 感嘆文

強調する語の前に qué をつける。数量の強調は cuánto、様態の強調は cómo を用いる。

　¡**Qué** bonita es tu falda!

　¡**Qué** bien hablas español!

　¡**Qué** torre **tan/más** alta（es）!

　¡**Cuánta** gente hay en la plaza!

　¡**Cómo** llueve!

CD 2-49
DL 131

① 次の不定詞を現在分詞にしましょう。

cenar →	aprender →	escribir →
bañarse →	hacer →	seguir →
venir →	ir →	caer →
sentir →	leer →	construir →

② （　）に適切な estar（現在形）＋現在分詞を入れましょう。

1. Miguel（aparcar　　　　　　　　　　　　）el coche.
2. La policía local（proteger　　　　　　　　　　　　）a una niña herida.
3. El nieto de José（jugar　　　　　　　　　　　　）al tenis allí con Rafael Nadal.
4. Ella（ducharse　　　　　　　　　　　）ahora.
5. Inés y Juan（vestirse　　　　　　　　　　　）el traje tradicional ahora.

③ （　）内を現在分詞の正しい形にし、和訳しましょう。

1. Vamos（correr　　　　　　　　　　）a la estación.
2. （Salir　　　　　　　　　）de la clase, ya estaba de noche.
3. Seguimos（trabajar　　　　　　　　　　）como burros.
4. Llevo un mes（aprender　　　　　　　　　　）japonés pero es muy difícil.
5. Mis alumnos vinieron（cantar　　　　　　　　　　）a verme.
6. （Hablar　　　　　　　）del Rey de Roma, por la puerta asoma.
7. Oímos a María（gritar　　　　　　　　　　）en su habitación.
8. Vi a mi hermano Francisco（correr　　　　　　　　　　）en el pasillo del colegio.

CD 2-50
DL 132

④ 和訳の意味になるよう、囲みの中から単語を選び、感嘆文を作りましょう。

bien	pasa	perros	gente	frío	lo siento	bonita	elegante	llueve

1. なんて寒いの！　　　　　　　　　　　　　　¡Qué（　　　　　　　）hace!
2. なんて素敵なスカートなの！　　　　　　　　¡Qué（　　　　　　）es la falda!
3. なんて上手にスペイン語を話されるのでしょう！　¡Qué（　　　　　　）habla usted español!
4. なんて上品な鞄をもっているの！　　　　　　¡Qué bolso tan（　　　　　）llevas!
5. なんて残念なんだ！　　　　　　　　　　　　¡Cuánto（　　　　　）!
6. なんて時間が経つのは早いのか！　　　　　　¡Cómo（　　　　　）el tiempo!
7. なんてたくさんの犬を飼っているんだ！　　　¡Cuántos（　　　　　）tienes tú!
8. 土砂降りじゃない！　　　　　　　　　　　　¡Cómo（　　　　　）!
9. すごくたくさんの人！　　　　　　　　　　　¡Cuánta（　　　　　）!

Diálogos　会話を聞いて、スペイン語を話しましょう。

CD 2-51
DL 133

1. ¿Me estás escuchando?

（En una reunión familiar）

Raquel：¡Qué bonito el vestido de la tía María Jesús!

Carlos：¿Has visto cómo se está poniendo* el tío David?

Raquel：Carlos, ¿me estás escuchando?

Carlos：Mira, el camarero le ha puesto otra copa de vino.

Raquel：Cariño, ¿me has escuchado?

Carlos：Sí. Te he escuchado. Pero, ¿no crees que es peligroso? ¡Mira! Está bebiendo demasiado.

*se está poniendo ＜ estar ＋ ponerse 〜になる

CD 2-52
DL 134

2. Aprendizaje del japonés

Joaquín：¡Qué difícil el japonés!

Shizuka：Pero gramaticalmente no hay femenino ni masculino en los sustantivos. El uso del pasado no es tan complicado como en castellano.

Joaquín：Además fonéticamente no es tan difícil para los españoles. Pero me vuelvo loco con el *Hiragana*（*Hirakana*）y los *Kanjis*.

Shizuka：Pues vas aprendiendo poco a poco.

Joaquín：Voy mejorando. Sin embargo, me da la impresión de que nunca llego a un cierto nivel.

Shizuka：Tranquilo. No te desesperes*. Yo todavía sigo estudiando los *Kanjis*.

*te desesperes＜ desesperarse 絶望する

CD 2-53
DL 135

3. Hablando por teléfono…

Restaurante：Restaurante Donostia, buenos días, dígame.

Yuko：Buenos días. ¿Podría[1] hablar con Martín?

Restaurante：¿De parte de quién?

Yuko：De Yuko.

Restaurante：Está cocinando. Espere[2] un segundo. Ahora mismo se lo paso.

Martín：¡Cuánto tiempo, Yuko! ¿Qué tal estás?

Yuko：Muy bien. Estaba descansando antes de ir al gimnasio. Y te quería preguntar si te apetece ir juntos.

Martín：Como hoy no he abierto mi restaurante, estaba ensayando un postre nuevo. ¿Quieres venir a probarlo?

Yuko：¡Voy volando!

1) podría ＜ poder 〜させていただけますか？　　2) espere ＜ esperar 待ってください

CD 2-54
DL 136

Lectura　次のスペイン語を読みましょう。

Un cuento del Imperio Inca　インカのお話

Había un ser antes de la creación del mundo. Fue llamado Viracocha[1] que vino del lago Titicaca y creó el sol, la luna y las estrellas. Después de la creación de más cosas, creó gigantes para vivir en paz. Pero ellos cayeron en guerras y codicias. Viendo la tragedia, Viracocha provocó un diluvio que duró 60 días y 60 noches, en el que los gigantes murieron transformándose en montañas o en piedras. Viracocha creó al hombre a su semejanza. Y salieron cuatro hermanos para ser elegidos por Viracocha como, por ejemplo, el primer emperador Inca. Habiendo ganado[2] Ayar Manco[3], Viracocha lo compensó convirtiéndolo en Manco Capac[4], quien fuera el primer emperador Inca. Luego fue fundada por él la ciudad del Cuzco, la cual fue la capital del Imperio Inca.

1) Wiracocha とも表記される　2) 勝利したので　3) アヤルマンコ　兄弟たちの一人
4) Manqu Qhapaq とも表記され、「素晴らしき礎」の意

1. 例にならって、何をしているところか尋ね、それに答えましょう。

例）¿Qué estás haciendo? –Yo estoy sentándome.

例)	1)	2)	3)	4)
誰　　tú	los niños	vosotros	Juana	Guillermo
行動　sentarse	ver la tele	hacer los deberes	bañarse	tocar el piano

1) _____
2) _____
3) _____
4) _____

2. 例にならって、seguir ＋ 現在分詞の文を完成させましょう。

例）Mi hermana estaba leyendo los mangas. Tres horas después sigue leyendo.

例)	1)	2)	3)	4)
誰　　mi hermana	los niños	mi hija	Juana	Guillermo
時間　tres horas	cinco horas	una hora	media hora	dos horas
行動　leer los mangas	jugar a videojuegos	hablar del novio	bañarse	tocar la guitarra

1) _____
2) _____
3) _____
4) _____

3. 例にならって、llevar ＋ 時間 ＋ 現在分詞の文を完成させ、意味がつながるように、もう一文続きを作ってみましょう。

例）Mi madre llevaba muchos años viajando mucho. Pero después de la pandemia ya no quiere.

例)	1)	2)	3)	4)
誰　　mi madre	yo	Julián	Rosa y Manolo	yo
時間　muchos años	un año	cinco años	diez años	más de tres meses
行動　viajar	aprender español	hacer gimnasio	salir juntos	acabar la novela

1) _____
2) _____
3) _____
4) _____

■ コラム　呼びかけ

国際交流ボランティアでのこと。キューバ人の少年が自分の兄に、"Hermano, ¿qué le digo?"（お兄さん、彼女になんて言おうか？）と尋ねたところ、日本語のできる兄は日本語で、"弟、何でも言っていいよ。"と答えていた。しばらくして、違和感が「弟」という呼びかけであったことに気が付いた。挨拶の際、たいていは Hola の次に相手の名前をつけるが、名前なしだと、¡Hola, cariño! や ¡Hola, mi amor! のように、様々な呼びかけがある。mi corazón, guapo, -a, guapetón, -a, guapísimo, -a, hermoso, -a をはじめ、地方色豊かな表現もあれば（例えば、maño, -a は主に Zaragoza 出身者への呼びかけ）、他にも関西地方の「アホ」と同じように、愛情がこもってはいるがキツイ言い方もある。世話好きな友人は息子でもないのに、Toma, hijo.（tomar の命令形）「（息子よ）またやっていないのでしょ？」とクラスメートに宿題の答えを渡していた。ところで、マドリッドのプラド美術館に Goya（ゴヤ）の「着衣のマハ」という絵があるが、この「マハ」は、呼びかけとして使われる代表格の majo, -a である。実は小粋な（人）という意味で、決してマハさんという名前ではない。

Unidad 15

Repaso 5　Unidad 13-15

① 次の不定詞を過去分詞に変化させましょう。

estar →	ir →	volver →
cubrir →	imprimir →	romper →

② （　　　）の指示に従って、現在完了の正しい形にしましょう。

comprar （2単） →		leer （1単） →	
（1複） →		（2複） →	
escribir （3単） →		ponerse （1単） →	
（3複） →		（1複） →	

③ （　　　）に直説法現在完了の正しい形を入れ、和訳しましょう。

1. Nosotros ya（terminar　　　　　　　　　　）el trabajo.
2. Yo（estudiar　　　　　　　　　　）mucho hoy.
3. Rosa me（traer　　　　　　　　　　）un regalo de México.
4. Nosotros（oír　　　　　　　　　　）a Juan tocar la guitarra.
5. ¿（Ver, *tú*　　　　　　　　　　）a María tocar la flauta?
6. En esta calle（haber　　　　　　　　　　）dos accidentes de tráfico este mes.
7. ¿Qué te（decir　　　　　　　　　　）Rafael?
8. （Abrir, *ellos*　　　　　　　　　　）una panadería delante de mi casa.
9. （Despertarse, *yo*　　　　　　　　　　）por un ruido raro.
10. Joaquín（ponerse　　　　　　　　　　）la corbata antes de salir.

④ （　　　）の指示に従って、直説法過去完了の正しい形にしましょう。

traer （1単） →		hacer （3単） →	
（3複） →		（1複） →	
romper （1単） →		acostarse （3単） →	
（3複） →		（1複） →	

⑤ （　　　）に直説法過去完了の正しい形を入れ、和訳しましょう。

1. Yo（estar　　　　　　　　）en España dos veces antes de empezar a aprender español.
2. Cuando llegasteis al teatro, ya（empezar　　　　　　　　　　）la función.
3. ¿Tu abuelo（morir　　　　　　　　）cuando naciste?
4. ¿Antes de 2010（estar, *tú*　　　　　　　　　　）en América Latina?
5. Me dijeron que（pasar　　　　　　　　　　）las vacaciones en Mallorca.
6. Yo creía que（ver, *tú*　　　　　　　　　）esta película.
7. Yo no sabía si（visitar, *vosotros*　　　　　　　　　　）Machu Picchu.
8. ¿Sabías que Sonia（dar　　　　　　　　　）a luz?
9. Pensábamos que Juan（volver　　　　　　　　　　）a Madrid.
10. （Acostarse, *yo*　　　　　　　　　　）cuando sonó el teléfono.

⑥（　　）に現在分詞の正しい形を入れ、和訳しましょう。

1. Estoy（trabajar　　　　　　　）en un restaurante.
2. Estamos（pasear　　　　　　　）por el parque.
3. Ella estaba（leer　　　　　　　）una novela.
4. Estuvo（nevar　　　　　　）anoche.
5. Llevo cinco años（practicar　　　　　　　　）flamenco.
6. Continúo（aprender　　　　　　　）francés.
7. Juan y María siguen（ser　　　　　　　）amigos.
8. Estudio español（tomar　　　　　　）café.
9. Oímos a la gente（gritar　　　　　　）en la calle.
10. Vi a Sara（patinar　　　　　　）.

⑦（　　）に適切な形の再帰動詞を入れて再帰受身文にし、和訳しましょう。

1. En España（hablarse 現在　　　　　　　）cuatro lenguas：castellano, catalán, euskera y gallego.
2. ¿Dónde（venderse 現在　　　　　　）las entradas?
3. Estas novelas（traducirse 点過去　　　　　　　）al japonés el año pasado.
4. La boda de Luisa（celebrarse 点過去　　　　　　　）en junio.
5. ¿Cuándo（construirse 点過去　　　　　　）esta catedral?

⑧（　　）に適切な形の ser を、[　　]に正しい動詞を入れて受身文にし、和訳しましょう。

1. El señor Martínez（現在完了　　　　　　）[nombrar　　　　　　　] embajador por el gobierno.
2. Su novela（点過去　　　　　）[publicar　　　　　] por esa editorial.
3. Estos coches（点過去　　　　　）[fabricar　　　　　] en Alemania.
4. Este vino（点過去　　　　　）[producir　　　　　] en la Rioja.
5. Los terroristas（現在完了　　　　　）[detener　　　　　　] por la policía.

⑨ 次の文をスペイン語に訳しましょう。（　　）内の与えられた単語は必ず使用し、代名詞や数詞、前置詞等が必要な場合は補いましょう。

1. （親しい相手に）もうお昼食べたの？ －いいえ、まだ食べていません。（comer, todavía）
2. その飛行機はもう出てしまった。（el avión, salir, ya）
3. JuanとMaría は会う前にすでにネットで知り合っていた。（antes de verse, conocerse 過去完了を使う）
4. Eugenia は電話で話しているところだ。（hablar por teléfono）
5. その時雨が降りつづいていた。（llover, seguir）
6. ここでは携帯電話の使用が許可されている。（aquí, el móvil, permitir, usar）
7. その犬は僕の方へ走ってやって来る。（correr, ese, hacia, mí, perro, venir）
8. こう言って、彼は出ていった。（decir, esto, marcharse）
9. 彼の伯父はテロリストたちに暗殺された。（asesinar, terrorista, tío）
10. この機械はもう使われていない。（esta máquina, usarse, ya）

1 ¿Qué harás mañana? —Visitaré un museo. 君は明日何をする予定？ －美術館に行こうと思います。

2 Este es el libro que compré ayer. これは昨日私が買った本です。

3 Me gustaría preguntarle una cosa. ひとつお尋ねしたいのですが。

1 直説法未来

1）活用形 ... 不定詞＋未来語尾（全動詞共通）**-é, ás, á, emos, éis, án**

hablar

hablar**é**	hablar**emos**
hablar**ás**	hablar**éis**
hablar**á**	hablar**án**

tener ［不規則］

tendr**é**	tendr**emos**
tendr**ás**	tendr**éis**
tendr**á**	tendr**án**

不規則活用...語幹が不定詞と同じでないもの。

poder → **podr**é, querer → **querr**é, saber → **sabr**é, haber → **habr**é

poner → **pondr**é, salir → **saldr**é, tener → **tendr**é, venir → **vendr**é

hacer → **har**é, decir → **dir**é

2）用法

a）未来の行為・状態

Iré al cine mañana. cf. Voy al cine mañana.（確信・断定）

（命令のニュアンスを持つ場合も。 ¿Me *esperarás*?）

b）現在の推量

El profesor *tendrá* unos cincuenta años. cf. Tiene cincuenta años. *unos（+数）およそ

2 関係詞

名詞（先行詞）とそれを修飾する文をつなぐ語。

que ... 先行詞＝人、もの

前置詞＋ el（la / los /las）＋ que ... 前置詞の後では通常定冠詞を伴う。que の代わりに cual も可。

el（la / los /las）que ... 「〜する人」先行詞を含む用法。

lo que ... 「〜すること」先行詞を含む（英：*what*）、または前の内容を先行詞とする。

quien ... 先行詞＝人 前置詞を伴わない限定用法は不可。先行詞を含む用法あり。

donde（＝ en el que）... 先行詞＝場所（en 〜に相当）

Este es el chico *que* viajó a España conmigo.

Esta es la chica *de la que*（＝ *de quien*）te hablábamos.

Los que（*Quienes*）viven en Barcelona hablan catalán.

No entiendo *lo que* quieres decir.

Visité la ciudad *donde*（＝ *en la que*）vive mi hermano.

Tengo una amiga española, *que*（＝ *quien*）me enseña español.

3 直説法過去未来

未来形の語幹に、線過去 -er / -ir 動詞の活用語尾 **-ía, ías, ía, íamos, íais, ían** を付加して得られる形を過去未来形という。

hablar → hablaría, hablarías, hablaría, hablaríamos, hablaríais, hablarían

tener → tendría, tendrías, tendría, tendríamos, tendríais, tendrían

日常的には、婉曲・丁寧表現で用いられることが多い。

¿Podría decirme cómo se va a la Plaza Mayor?

CD 2-58
DL 140

① 次の不定詞を直説法未来に変化させましょう。

comprender		escribir		haber	

querer		levantarse	

② それぞれのニュアンスの違いを考えながら、和訳しましょう。

1. Mañana vendré a clase si viene Agustín.
2. Mañana vengo a la clase para despedirme del profesor.
3. ¿Qué hora será? –Serán las 6 de la tarde.
4. ¿Qué hora es? –A ver, ahora te digo.
5. Lo que dice Claudia es mentira.
6. ¿Será mentira lo que dice Claudia?
7. ¿Comes verduras?
8. Comerás la ensalada antes de empezar la carne.

③ 2つの文を、関係詞を使い、必要ならは前置詞も補い、ひとつの文にしましょう。

1. La señora está en la taquilla. Ella es una actriz famosa.
2. Fuimos a la Universidad de Navarra. La Universidad de Navarra nos da sello de peregrinos.
3. Compraron los mazapanes ayer. El mazapán es un dulce típico de las navidades.
4. Oviedo es una ciudad de Asturias. Mi primo trabaja allí.
5. Las revistas son baratas. Te hablé de las revistas.
6. Los nietos son futbolistas. Yo veía la tele con los nietos.

CD 2-59
DL 141

④ 次の不定詞を直説法過去未来に変化させましょう。

ser		querer		hacer	

⑤ （　　）内を 直説法過去未来の正しい形にし、和訳しましょう。

1. （Deber, tú　　　　　　　　） decir la verdad.
2. ¡Cuánto me （encantar　　　　　　　　） ir a México!
3. （Querer, yo　　　　　　　） ver al señor Martínez.
4. Señor Álvarez, ¿ （poder　　　　　　　　） usted estar con mi madre?
5. Me （gustar　　　　　　　） tomar ese vino, pero tengo que conducir.

Unidad 16

Diálogos y Lectura

Diálogos 会話を聞いて、スペイン語を話してみましょう。

CD 2-60

DL 142

1. ¿Qué tiempo hará mañana?

Rosa：¡Qué ilusión! Nos vamos de excursión a los Pirineos.

Jorge：¡Qué envidia! Mañana hará buen tiempo pero llévate[1] tu chubasquero por si acaso.

Rosa：Pero el hombre del tiempo acaba de decir que mañana hará buen tiempo.

Jorge：Da igual. Como eres friolera[2] , te lo llevas. Así no tendrás frío e incluso si llueve, te lo puedes poner.

Rosa：Tienes razón.

1) llevar（命令形）＋te 君のために持っていきなさい　2) 冷え性

CD 2-61
DL 143

2. Una carta

Madre：Cariño, ¿has visto la carta que ha llegado esta tarde para Ángela?

Padre：No. Como no es para mí, no la miro.

Madre：Me he fijado porque tiene la ortografía muy bonita. Además, una frase que está en el sobre.

Padre：¿Qué es lo que dice?

Madre："Corre, corre, cartero, que es para la chica que me gusta mucho." ¿Podrías decirme algo tan bonito?

CD 2-62
DL 144

3. El doctor Redín

Hugo：¿Qué tal, Pilar? ¿Has ido a la consulta del Doctor Redín?

Pilar：Sí. Me dijo que debería descansar mucho y tomar el medicamento que me dio en la receta.

Hugo：Vale. Por cierto, ¿cuántos años tendrá el doctor?

Pilar：Tendrá unos 70 porque ya tiene nietos.

Hugo：Pues lo veo muy joven para su edad. Hace poco lo vi con una boina* bonita y con un bastón elegante.

Pilar：Son los artículos favoritos con los que siempre pasea.

*ベレー帽、特にスペイン北部の男性の必需品

ピレネー山脈

CD 2-63
DL 145

Lectura 次のスペイン語を読んでみましょう。

Silbando por allí, se oye la respuesta 口笛のお付き合い

Hay gente que no sabe silbar. ¿Sabe usted silbar?

En las Islas Canarias, más concreto, en La Gomera hay un lenguaje silbado que se utiliza desde hace mucho tiempo para comunicarse a grandes distancias.

Denominado "el silbo gomero", es un lenguaje silbado del mundo. Se ha ido desarrollando durante siglos y los maestros seguían transmitiendo(trasmitiendo) a sus discípulos, también ha pervivido como componente esencial de la cultura insular.

El español hablado se reproduce con silbidos por los isleños. Teóricamente, se podría hacer lo mismo con cualquier otra lengua. Para la conservación de la tradición en la educación primaria y secundaria de la isla el silbado de La Gomera es una asignatura obligatoria.

1. 例にならって、予定を尋ね、答えましょう。

例）A：¿Qué hará ella el mes que viene?　B：Viajará a Lima.

例）	1)	2)	3)	4)
人　ella	nosotros	tú	tu hermana	los niños
時 el mes que viene	el próximo fin de semana	el viernes que viene	dentro de un año	en el futuro
行動 viajar a Lima	preparar la paella valenciana	cenar con los colegas del trabajo	terminar la carrera	ser futbolista

1) _____

2) _____

3) _____

4) _____

2. 例にならって、婉曲表現の文を作りましょう。

例）Tú deberías trabajar más.

例）	1)	2)	3)	4)
人　tú	yo	me	yo	usted
動詞　deber	querer	gustar	poder	tener que
物事 trabajar más	solicitar las vacaciones	asistir al curso	viajar contigo	esperar un momento

1) _____

2) _____

3) _____

4) _____

3. 質問に対し、名詞と説明を選択して答えましょう。

例）¿Qué es un erizo? –Es un animal que tiene muchas espinas.

1) ¿Qué es una enciclopedia?
2) ¿Qué es un jinete?
3) ¿Quién es Takefusa Kubo?
4) ¿Quién es Hayao Miyazaki?
5) ¿Qué es una consigna?
6) ¿Qué es COVID-19?

例）animal
futbolista
virus
lugar
materia
director
persona

例）que tiene muchas espinas.
· que se conoce como enfermedad por coronavirus.
· que es representante del Studio Ghibli.
· que monta a caballo.
· que nos da la explicación.
· que juega en Europa.
· donde puedes dejar tus pertenencias.

1) _____

2) _____

3) _____

4) _____

5) _____

6) _____

Unidad 16

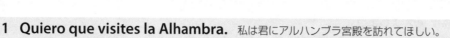
CD 2-64
DL 146

1 **Quiero que visites la Alhambra.** 私は君にアルハンブラ宮殿を訪れてほしい。

2 **Gire a la derecha en la primera esquina.** 最初の角で右に曲がってください。

1 接続法現在

接続法とは、未実現のことや仮想したことを、事実かどうかの判断を保留して、主観的に表す動詞形式である。
一方、16課までの時制は直説法と呼ばれ、命題を客観的に表現する動詞形式である。

1）活用形

　a）規則的に作れるもの：直説法現在1人称単数が -o で終わるものはその -o を取った形が語幹。

　　接続法現在の語尾　-ar 動詞 → **-e, -es, -e, -emos, -éis, -en**

　　　　　　　　　　　-er/-ir 動詞 → **-a, -as, -a, -amos, -áis, -an**

CD 2-65
DL 147

hablar（直説法現在1単 habl**o**）

habl**e**	habl**emos**
habl**es**	habl**éis**
habl**e**	habl**en**

comer（com**o**）

com**a**	com**amos**
com**as**	com**áis**
com**a**	com**an**

vivir（viv**o**）

viv**a**	viv**amos**
viv**as**	viv**áis**
viv**a**	viv**an**

tener（teng**o**）

teng**a**	teng**amos**
teng**as**	teng**áis**
teng**a**	teng**an**

venir（veng**o**）

veng**a**	veng**amos**
veng**as**	veng**áis**
veng**a**	veng**an**

　b）語幹母音変化動詞：L字型に母音変化。-ir 動詞は1, 2人称複数でも母音変化あり。

pensar [e-ie]（p**ie**nso）

p**ie**nse	pensemos
p**ie**nses	penséis
p**ie**nse	p**ie**nsen

volver [o-ue]（v**ue**lvo）

v**ue**lva	volvamos
v**ue**lvas	volváis
v**ue**lva	v**ue**lvan

dormir [o-ue-u]（d**ue**rmo）

d**ue**rma	d**u**rmamos
d**ue**rmas	d**u**rmáis
d**ue**rma	d**ue**rman

　c）完全不規則：以下6つ（直説法現在が o で終わらないもの）。語尾は規則活用と同じ。

dar → **dé**, estar → **esté**, ir → **vaya**, haber → **haya**, saber → **sepa**, ser → **sea**

estar

est**é**	est**emos**
est**és**	est**éis**
est**é**	est**én**

ser

sea	se**amos**
seas	se**áis**
sea	sean

*dar, estar はアクセント符号に注意

　dar は1単と3単のみアクセント符号

2）用法

　a）従属節での用法

　　Espero que *vengas* a mi boda. 　　　　　　　　　　［名詞節・願望］

　　Me alegro de que *estéis* bien. 　　　　　　　　　　［名詞節・感情］

　　Necesito un móvil que *funcione* mejor. 　　　　　　［関係節・先行詞が指示できない］

　　Cuando *llegues* a la estación, ¿puedes llamarme? 　［副詞節・未来（未実現）の時］

　　Aunque *sea* caro, voy a comprar un piso en este barrio. ［副詞節・譲歩］

　　　事実と認めたうえで発話する場合は直説法。Aunque *es* caro, voy a comprar un piso en este barrio.

　b）独立文での用法

　願望・疑惑の副詞とともに用いられる。

　　¡Que *te mejores* pronto! 　　　　　　　　　　　　［独立文・願望］

　　Tal vez *nieve* mañana. 　　　　　　　　　　　　　［独立文・疑惑］

　　　話し手により確実性が高いと判断された場合は直説法。　Tal vez *nevará* mañana.

　3人称（usted, ustedes）の命令文に用いられる。（他の人称については18課参照）

　　Espere aquí, por favor.

　　Tengan cuidado con sus pertenencias.

CD 2-66
DL 148

① 次の不定詞を接続法現在に変化させましょう。

estudiar		correr		escribir	

dar		saber		ir	

② （　　）内を接続法現在の正しい形にし、和訳しましょう。

1. Espero que mi hijo (pasar　　　　　　　) el examen.
2. Mi médico me dice que (descansar　　　　　　　) mucho.
3. ¿Hay alguien que (hacer　　　　　　) la limpieza del cuarto?
4. Aquí no hay ningún chico que (comportarse　　　　　　) bien.
5. Cuando nosotros (ir　　　　　　) al museo, tú pagas la entrada y yo te enseño las obras famosas.
6. Dudo que el señor Santos (tener　　　　　　) dinero.
7. Es imposible que los niños (dormir　　　　　　) tan pronto.
8. Es mejor que la gente (limpiarse　　　　　　) las manos a menudo.
9. Antes de que vosotros (irse　　　　) a la cama, quiero que (recoger　　　　　) los juguetes.
10. Cuando (terminar　　　　) el curso, iremos a Bogotá.
11. Hasta que no (despedirse　　　　　　) de trabajo, andarás con estrés.
12. Siento que tú no (poder　　　　　　) viajar conmigo.
13. A los profesores les gusta que todos sus alumnos (sacar　　　　　　) buenas notas en los exámenes.
14. Me alegro mucho de que vosotros (estar　　　　　) aquí.
15. Tal vez no (llegar, *ellos*　　　　　　) a la hora.
16. Es muy importante que ustedes le (escuchar　　　　　　) bien a la profesora.
17. Vamos a un restaurante que (ser　　　　　　) romántico.
18. Haremos eso sin que nadie se (enterar　　　　　　).
19. Mis padres me ayudan mucho para que yo (conseguir　　　　　　) mi fin.
20. ¡Que (tener, *tú*　　　　　　) un buen fin de semana!

③ a. と b. の文を比較し、それぞれ和訳しましょう。

1. a. Compraremos el coche aunque sea caro.
   b. Compramos el coche aunque es caro.
2. a. Yo lo hice cuando tenía tiempo.
   b. Yo lo haré cuando tenga tiempo.
3. a. Quiero llegar a casa a las seis.
   b. Mi madre quiere que yo llegue a casa a las seis.
4. a. Espero volver aquí pronto.
   b. Espero que usted vuelva aquí pronto.
5. a. ¡Vamos al parque de atracciones!
   b. Vayamos al parque de atracciones.

Unidad 17

Diálogos y Lectura

Diálogos　会話を聞いて、スペイン語を話してみましょう。

CD 2-67
DL 149

1. ¡Ojalá que llueva!

Leire：¿Cuántos días llevamos sin lluvia?

Agustín：Llevamos casi un mes. Como a mí no me gusta la lluvia, no me importa cuánta agua caiga. Pero no deseo una sequía.

Leire：A mí tampoco.

Agustín：La gente es demasiado egocéntrica. ¿No crees?

Leire：Pues tienes razón. Yo también lo soy. Un día espera que llueva y otro que haga buen tiempo.

Agustín：Vaya. ¡Ojala que llueva!

CD 2-68
DL 150

2. El carné de conducir

Joaquín：¿Qué te pasa, Maribel? No quiero verte así, de mal humor.

Maribel：Pues no quiero conseguir el carné de conducir, ni lo necesito. Pero mis padres quieren que lo obtenga.

Joaquín：Pero no es nada difícil, mujer.

Maribel：¿Quieres que aumente el número de accidentes de tráfico?

Joaquín：No se me ha ocurrido esa idea. ¿Conduces tan mal?

Maribel：¡Es broma! Creo que conduzco bien. Pero mis padres quieren que yo maneje en Inglaterra que tiene el volante en el otro lado.

Joaquín：Pues no creo que lo hagas bien sin practicar en tu propio país.

CD 2-69
DL 151

3. Un deportista

Carlos：Tengo un amigo que es venezolano y tiene sesenta años. Su hobby es esquiar pero tiene las rodillas operadas. Le gusta bailar, jugar al fútbol, correr y nadar. Además empezó a hacer senderismo desde hace poco.

Sara：Es una lástima que tenga las rodillas lesionadas.

Carlos：Me gusta que él haga senderismo porque así podemos ir juntos. Solo temo que le duelan las rodillas más. A él le da igual lo que diga su médico pero me dijo que le dolían mucho.

Sara：Es maravilloso que intente hacer lo que quiere pero por otra parte, me pone nerviosa que no siga lo que le recomienda su médico.

Carlos：Pase lo que pase*, él seguirá haciendo deporte.

*どんなことが起ころうとも

CD 2-70
DL 152

Lectura　次のスペイン語を読んでみましょう。

La globalización　グローバリゼーション

Parece que todavía queda mucho para que el mundo esté realmente globalizado. Hasta ahora, los obstáculos de comunicación han sido el idioma, el tiempo, el espacio, la tradición, etc. Pero cada vez hay menos fronteras debido a la forzada globalización por el desarrollo de las ciencias.
Digan lo que digan, disfrutarlo ya es una parte de nuestra vida. Por otro lado, algunos ya habían argumentado que, es como una aldea global[1], la cual se convertiría en una regla de totalitarismo[2] o cosmopolitismo[3]. Aunque la aldea global que no tiene límites de comunicación sigue creando fenómenos y mundos nuevos, no es fácil de insistir que sea todo positivo, como la brecha entre ricos y pobres o el lenguaje unificado, que cada día más se va produciendo a una escala más global. Y por otra parte, la educación de hoy valora al "individuo". ¿Qué pensarán las personas globales cuando piensen en su identidad? ¿Podrán las personas globales respetar las cosas que son realmente importantes para los humanos?
«Pienso, por lo tanto soy».[4] Tal vez el equilibrio estable del "individuo" y la globalización sea una gran tarea para mantener la paz.

1）グローバルビレッジ、地球全体がひとつの村のように緊密な関係をもつように（小さく）なったという主張　2）全体主義。個よりも全体を優先し、更に個が全体に合わせる主張　3）世界市民主義　4）«pienso, por eso existo» デカルトの言葉 «cogito ergo sum» とラテン語で表現されることが多い

1. 例にならって、動詞に気をつけながら、文を作りましょう。

例）Cuando él sea rico, te comprará una casa.

例）	1)	2)	3)	4)
誰が él	yo	tú	Mariana	Inés y yo
いつ ser rico	tener un coche	saber la noticia	compra el CD	llegar a la estación
行動 comprar una casa	no tomar taxi	mandar un mensaje	prestar	comprar bocadillos
目的格 te	なし	me	te, lo	なし

1) _____

2) _____

3) _____

4) _____

2. A は B に質問しましょう。B は否定して答えましょう。

1) A：¿Crees que Ramón es honesto? 　　　　B：No creo que_____

2) A：¿Te parece que Nuria está equivocada? 　B：No_____

3) A：¿Te imaginas que a Marcos le gusta el vino? B：No_____

4) A：¿Piensas que haga sol? 　　　　　　　　B：No_____

5) A：¿Supones que esta respuesta es correcta? B：Supongo que_____

3. 答えが ¡Ojalá（que）～！ となるよう、正しいものを a.～e.から選び、不定詞を適切な接続法現在の形にしましょう。

1) ¡Mira, la libreta del banco! No queda nada. 　　　a. hacer buen día.

2) Ha venido Juan. Pero mi marido está fuera de casa. 　b. calmarse el dolor

3) Por fin se ha acabado el examen. 　　　　　　　　c. salir bien

4) Mañana es el día de senderismo. 　　　　　　　　d. tocar la lotería

5) ¡Qué dolor tiene mi hijo! 　　　　　　　　　　　e. volver a casa pronto

4. que のあとに接続法現在の動詞を用いて、自由に作文し、和訳しましょう。ただし、5)～8) の文の主語は1人称単数以外にしましょう。

1) Es importante que_____

2) Es mejor que_____

3) Es horrible que_____

4) Es extraño que_____

5) Siento que_____

6) Odio que_____

7) Quiero que_____

8) Lamento que_____

CD 2-71
▶
DL 153

5. 例にならって、相手に対して、「～でありますように！」という文を作りましょう。

例）Para un niño que va a acostarse.（dormir bien） 　　　¡Que duermas bien!

1) Para unos mayores que van a acostarse. 　　　　　　　¡Que_____

2) Para un amigo que va a veranear.（pasárselo bien） 　　¡Que_____

3) Para unos colegas que van a veranear. 　　　　　　　　¡Que_____

4) Para un chico que juega al futbol.（tener suerte） 　　　¡Que_____

5) Para unos chicos que juegan al fútbol. 　　　　　　　　¡Que_____

6) Para un amigo que tiene heridas.（mejorarse pronto） 　¡Que_____

7) Para un anciano que tiene heridas. 　　　　　　　　　¡Que_____

— 79 —

Unidad 17

1 Habla más despacio. もっとゆっくり話して。

2 No entren en esta sala. この部屋に入らないでください。

1 肯定命令 … 主語（＝相手）により用いる形が異なる。

yo*		nosotros**	接続法現在1人称複数形
tú	直説法現在3人称単数形 （不規則あり***）	vosotros	不定詞の r を d にかえる
usted	接続法現在3人称単数形	ustedes	接続法現在3人称複数形

*yo に対する命令の形は存在しない。**nosotros に対する肯定命令は「（我々は）〜しましょう」。

hablar

	hablemos
habla	hablad
hable	hablen

comer

	comamos
come	comed
coma	coman

tener

	tengamos
ten	tened
tenga	tengan

***2人称単数不規則形：decir → **di**, hacer → **haz**, ir → **ve**, poner → **pon**,

salir → **sal**, ser → **sé**, tener → **ten**, venir → **ven**

Come ese pastel.

Pase por aquí, por favor.

Siéntense en este sofá, por favor.

*肯定命令では再帰代名詞および人称代名詞・目的格は動詞の直後に直接つく。（*Cómelo.*）

□ 再帰動詞の肯定命令　　1・2人称複数形は再帰代名詞の直前の語尾が1文字落ちる。

levantarse → levantemos ＋ nos ⇒ levantémonos

→ levantad ＋ os　⇒ levantaos

levantarse

	levantémo**nos**
levánta**te**	levanta**os**
levánte**se**	levánten**se**

（再帰代名詞部分のみ太字で示す）

2 否定命令 … 全人称で接続法現在を用いる。「**no ＋ 接続法現在**」

hablar

	no hablemos
no hables	no habléis
no hable	no hablen

comer

	no comamos
no comas	no comáis
no coma	no coman

tener

	no tengamos
no tengas	no tengáis
no tenga	no tengan

*nosotros に対する否定命令は「（我々は）〜しないことにしよう」。

No comas ese pastel.

No fume, por favor.

No se sienten en este banco, por favor.

*否定命令では再帰代名詞および人称代名詞・目的格は通常通り動詞の前に置く。（*No lo comas.*）

□ 再帰動詞の否定命令

levantarse

	no **nos** levantemos
no **te** levantes	no **os** levantéis
no **se** levante	no **se** levanten

Ejercicios

CD 2-75
DL 157

① 次の 不定詞を肯定命令と否定命令に変化させましょう。

肯定命令	tomar	leer	oír
tú			
usted			
nosotros			
vosotros			
ustedes			

否定命令	tomar	leer	oír
tú			
usted			
nosotros			
vosotros			
ustedes			

CD 2-76
DL 158

② 次の再帰動詞を肯定命令と否定命令に変化させましょう。

肯定命令	lavarse	ponerse	vestirse
tú			
usted			
nosotros			
vosotros			
ustedes			

否定命令	lavarse	ponerse	vestirse
tú			
usted			
nosotros			
vosotros			
ustedes			

CD 2-77
DL 159

③ 次のスペイン語を和訳しましょう。

1. Espérame, por favor.
2. Esperadme.
3. Dame un segundo.
4. Tengan mucho cuidado.
5. Vámonos.
6. Salgamos de aquí.
7. Estate quieto.
8. Sé bueno.
9. ¿Oiga? –Dígame.
10. Compórtate bien.

Unidad 18

Diálogos y Lectura

Diálogos　次の会話を聞き、スペイン語を話してみましょう。

CD 2-78
DL 160

1. ¡Vámonos de excursión!

Javier : Tengo ya el billete impreso, un poco de merienda y un jersey. Tú, llévate un chal, por si acaso no tengas frío.

Misaki : Vale. Oye, todavía tus amigos están durmiendo.

Javier : Pues vete a la habitación y despiértalos, por favor.

Misaki : Pero son tus amigos y me da vergüenza.

Javier : Pues, voy. ¡Dormilones! Despertaos y escuchad. ¡Vámonos de excursión ya!

CD 2-79
DL 161

2. ¿No te gusta leer poesía?

Gabriel : ¿Estás leyendo un libro?

Ángela : ¿Este? Acabo de empezar. ¡Ten!

Gabriel : ¿Federico García Lorca? ¡Vaya! Luego no me digas que vuelva a leer las obras clásicas como "Don Quijote" u otros.

Ángela : Es una buena idea que volvamos a leerlas. Pero ahora quiero leer poesía española.

Gabriel : Deja, deja. A mí no me apetece leerla.

Ángela : Entonces, para ti ¿qué es poesía?

Gabriel : ¿Qué es poesía?, dices mientras clavas en mi pupila tu pupila azul；¿Qué es poesía? ¿Y tú me lo preguntas? Poesía…eres tú*.

Ángela : De Gustavo Adolfo Bécquer. ¡Mira! ¡Qué bonita!

* Gustavo Adolfo Bécquer, "RimaXXI"より

CD 2-80
DL 162

Lectura　次のスペイン語を読んでみましょう。

Juan11：38 Resurrección de Lázaro　『ヨハネによる福音書』11 章 38

38 Entonces Jesús, de nuevo profundamente conmovido en su interior, fue al sepulcro. Era una cueva, y tenía una piedra puesta sobre ella. **39** Jesús dijo：Quitad la piedra. Marta, hermana del que había muerto, le dijo：Señor, ya hiede, porque hace cuatro días que murió. **40** Jesús le dijo：¿No te dije que si crees, verás la gloria de Dios? **41** Entonces quitaron la piedra. Jesús alzó los ojos a lo alto, y dijo：Padre, te doy gracias porque me has oído. **42** Yo sabía que siempre me oyes；pero lo dije por causa de la multitud que me rodea, para que crean que tú me has enviado. **43** Habiendo dicho esto, gritó con fuerte voz：¡Lázaro, ven fuera! **44** Y el que había muerto salió, los pies y las manos atadas con vendas, y el rostro envuelto en un sudario. Jesús les dijo：Desatadlo, y dejadlo ir.

　（出典：『ヨハネによる福音書』11 章 38〜44 節抜粋。 Lázaro の復活 イエスの奇跡の一つ、すでに葬られたラザロの再生）
〈著者訳〉

38 そこでイエスは再び心に憤りを覚えながら、墓に来られた。それは洞穴（ほらあな）であり、石がその上にあった。**39** イエスは「石を取り除けなさい。」と言われた。すでに亡くなったラザロ（ラサロ）の姉妹のマルタがイエスに「主よ、もう臭います、なぜならば、4日前に死んだのです。」と言った。**40** イエスは彼女に言われた、「もし信じるならば、神の栄光を見るだろうとあなたに言った。」**41** そうして、石は取り除けられた。イエスは目を天に向け、そして、言われた。「父よ、私の願いを聞きてくださったことに感謝をささげます。」**42**「あなたはいつも私の願いを聞いてくださることを知っていました。しかし、このように言ったのは私を取り囲んでいる群衆に、あなたが私をつかわしたことを信じさせるためにです。」**43** このことを言うと、大声で「ラザロよ、出てきなさい」と叫ばれた。**44** すると、とっくに亡くなっていた死者は足や両手を包帯で巻かれ、それ以外のところは布に包まれたまま、出てきた。イエスは彼らに「ほどいてやりなさい、そして、彼を帰らせなさい。」と言われた。

1. 例にならって、tú に対する肯定命令と否定命令の文を作りましょう。

例）Desayuna en el bar. / No desayunes en el bar.

例）	A	B	C
動詞 desayunar	dormir	ponerse（gorra）	sentarse
場所 el bar	el sofá	dentro de la piscina	banco

（肯定命令） （否定命令）

A. _____ A. _____

B. _____ B. _____

C. _____ C. _____

2. 1.の表を参照し、ustedに対する肯定命令と否定命令の文を作りましょう。

（肯定命令） （否定命令）

A. _____ A. _____

B. _____ B. _____

C. _____ C. _____

3. 例にならって、否定命令の文を作りましょう。また、肯定命令の文も作りましょう。

例）Yo espero que tú lo hagas.　　（否定命令）No lo hagas.　　（肯定命令）Hazlo.

1）Espero que me digas la verdad.　　_____　_____

2）Espero que me diga usted la verdad.　　_____　_____

3）Espero que hables más despacio.　　_____　_____

4）Espero que habléis más despacio.　　_____　_____

5）Espero que le des unos dulces a Rafael.　　_____　_____

6）Espero que nos deis unos dulces.　　_____　_____

7）Espero que usted se levante temprano.　　_____　_____

8）Espero que nosotros nos levantemos pronto.　　_____　_____

CD 2-81
▶
DL 163

4. 下記を参考に、スペイン語圏の企業に手紙を、または友人にメールを書いてみましょう。

a）スペイン語圏の企業への手紙　　b）友人あてのメール

CD 2-82
▶
DL 164

Yuko Tanaka
1-2-3, Moto-machi,
123 0011 Tokio, Japón
Tel. ＋81（0）90 123456
tanaka@ oiga.jp

LA OIGA, S. A.
Atte. Responsable de Selección
C/Diagonal, 8
50006 Zaragoza
Tokio, 7 de julio de 2020

Estimados señores：
　　Una vez finalizados mis estudios de Economía y Comercio, estaría muy interesada en prestar mis servicios en su organización en el área de la exportación. Incluso estoy abierta a otras posibilidades que ustedes consideren para ganar experiencia en el futuro con efectividad.
　　Agradecería mantener una entrevista con ustedes, en la que les ampliaría mi historial y respondería a cualquier cuestión que consideren oportuna sobre mi carrera.
　　Sin otro particular, les saluda atentamente,
Yuko Tanaka

Madrid, 15 de agosto de 2020
Querido Toshio :

¡Cuánto tiempo sin escribirnos! Espero que estés bien.

Llevo muchos meses trabajando en una empresa que me obligaba a terminar muchos asuntos y no me quedaba tiempo para escribirte. Afortunadamente pude solucionar todo y cogí vacaciones. Lo que estoy haciendo primero, es escribirte.

Ojalá nos veamos pronto y que vayamos a tomar algo. ¡Cuídate mucho! Dale muchos recuerdos a tus padres de mi parte.

Besitos mil,
Amaya

Repaso 6 Unidad 16-18

① （　　）の指示に従って、未来の正しい形にしましょう。

esperar	（1単）	→	leer	（2単）	→	escribir	（3単）	→
	（3複）	→		（2複）	→		（1複）	→
saber	（1単）	→	poder	（2単）	→	hacer	（3単）	→
	（3複）	→		（2複）	→		（1複）	→

② （　　）内の動詞を未来の正しい形にし、和訳しましょう。

1. La tienda（abrir　　　　　　　　　）a las diez y media de la mañana.
2. Yo（llegar　　　　　　　　）tarde a la clase del profesor López.
3. Marta y Alejandro me（traer　　　　　　　　　）regalos de España.
4. Ya（hablar, *nosotros*　　　　　　　　）de eso.
5. ¿Cuándo（subir　　　　　　　）vosotros al monte Fuji?
6. Mi hija（aprender　　　　　　　）a tocar el piano.
7. ¿Me（decir, *tú*　　　　　　　）cuándo va a ser la reunión?
8. Ellos（venir　　　　　　　）a mi casa mañana.
9. Yo（ponerse　　　　　　　）este vestido de color rosa en la boda de Teresa.
10. El profesor（tener　　　　　　　）unos sesenta años.

③ （　　）の指示に従って、過去未来の正しい形にしましょう。

llamar	（2単）	→	querer	（2単）	→	salir	（3単）	→
	（3複）	→		（2複）	→		（1複）	→

④ （　　）内の動詞を過去未来（丁寧・婉曲用法）の正しい形にし、和訳しましょう。

1. Me（gustar　　　　　　　）hablar con el señor Sánchez.
2. （Deber, *vosotros*　　　　　　　　）preparar el examen cuanto antes.
3. ¿（Poder, *tú*　　　　　　　）prestarme algo de dinero?
4. ¿Le（importar［3単］　　　　　　　　）cerrar la cortina?
5. （Preferir, *yo*　　　　　　　）quedarme en casa.

⑤ （　　）内に適切な関係詞を入れ、和訳しましょう。　　*（　　）内は1語とは限らない。

1. Esta es la chica（　　　　　　　　）viajé a México el año pasado.
2. Visité la casa（　　　　　　）nació Goya.
3. Marta tiene una amiga（　　　　　　　）vive en Barcelona.
4. ¿Me prestas el diccionario（　　　　　　　）compraste la semana pasada?
5. Esta es la novela（　　　　　　　）te hablé el otro día.
6. （　　　　　　）está al lado de la puerta es mi hija.
7. ¿Entiendes（　　　　　　）te digo?
8. （　　　　　　）lleguen tarde no pueden entrar.

⑥ （　　）の指示に従って、接続法現在の正しい形にしましょう。

comprar	（2単）	→	leer	（2単）	→	ver	（3単）	→
	（3複）	→		（2複）	→		（1複）	→
conducir	（3単）	→	oír	（2単）	→	querer	（1単）	→
	（1複）	→		（1複）	→		（2複）	→
sentir	（2単）	→	ponerse	（1単）	→	estar	（2単）	→
	（2複）	→		（3複）	→		（1複）	→

⑦（　　）内の動詞を接続法現在の正しい形にし、和訳しましょう。

1. Mis padres quieren que yo (estudiar　　　　　　　　) Derecho.
2. No creo que nosotros (llegar　　　　　　　　) a tiempo a la estación.
3. Siento mucho que tú (irse　　　　　　　　) ya.
4. Es mejor que vosotros (hacer　　　　　　　　) más ejercicios.
5. Aunque (llover　　　　　　　　), voy de compras mañana.
6. Cuando usted (tener　　　　　　　　) tiempo, no dude en visitarme.
7. Ojalá yo (poder　　　　　　　　) ir a España mañana mismo.
8. Quizás nosotros (saber　　　　　　　　) las notas la semana que viene.

⑧（　　）の指示に従って、肯定命令の正しい形にしましょう。

esperar	（2単）	→	leer	（2単）	→	escribir	（3単）	→
	（3複）	→		（2複）	→		（1複）	→
traer	（3単）	→	decir	（2単）	→	venir	（2単）	→
	（2複）	→		（3複）	→		（2複）	→
lavarse	（3単）	→	sentarse	（2単）	→	servirse	（2単）	→
	（2複）	→		（2複）	→		（3複）	→

⑨（　　）内の主語に対する命令文を作りましょう。

1. decirme la verdad（tú）　＿＿＿＿＿＿＿＿＿＿＿＿＿＿＿＿
2. repetir las frases（ustedes）　＿＿＿＿＿＿＿＿＿＿＿＿＿＿＿＿
3. no tocar los cuadros（vosotros）　＿＿＿＿＿＿＿＿＿＿＿＿＿＿
4. lavarse las manos antes de comer（nosotros）　＿＿＿＿＿＿＿＿＿＿
5. quitarse los zapatos al entrar en casa（ustedes）　＿＿＿＿＿＿＿＿
6. darme su dirección（usted）　＿＿＿＿＿＿＿＿＿＿＿＿＿＿＿＿
7. no hablar en voz alta（tú）　＿＿＿＿＿＿＿＿＿＿＿＿＿＿＿＿
8. no preocuparse por el examen（vosotros）　＿＿＿＿＿＿＿＿＿＿
9. venir pronto a la recepción（usted）　＿＿＿＿＿＿＿＿＿＿＿＿
10. no acostarse tarde（nosotros）　＿＿＿＿＿＿＿＿＿＿＿＿＿＿

⑩ 上記1.～6.の下線部を代名詞にし、命令文を書き換えましょう。

1. ＿＿＿＿＿＿＿＿＿＿＿＿＿＿＿＿＿＿＿＿＿＿＿＿＿＿＿＿＿＿＿＿
2. ＿＿＿＿＿＿＿＿＿＿＿＿＿＿＿＿＿＿＿＿＿＿＿＿＿＿＿＿＿＿＿＿
3. ＿＿＿＿＿＿＿＿＿＿＿＿＿＿＿＿＿＿＿＿＿＿＿＿＿＿＿＿＿＿＿＿
4. ＿＿＿＿＿＿＿＿＿＿＿＿＿＿＿＿＿＿＿＿＿＿＿＿＿＿＿＿＿＿＿＿
5. ＿＿＿＿＿＿＿＿＿＿＿＿＿＿＿＿＿＿＿＿＿＿＿＿＿＿＿＿＿＿＿＿
6. ＿＿＿＿＿＿＿＿＿＿＿＿＿＿＿＿＿＿＿＿＿＿＿＿＿＿＿＿＿＿＿＿

⑪ スペイン語に訳しましょう。与えられた単語を使用し、代名詞や数詞、前置詞等が必要な場合は補いましょう。

1. 後日会いましょう。（otro día, verse）
2. そのバスは10分後に出るでしょう。（el autobús, dentro de, minuto, salir）
3. テーブルを予約したいのですが。（gustar, reservar, una mesa）
4. José は Carmen にすぐに戻ってきてほしがっている。（querer, pronto, volver）
5. 空港に着いたら、（私は君に）電話するよ。（el aeropuerto, cuando, llegar, llamar）
6. 私に似合うジャケットがほしい。（una chaqueda, quedar bien, querer）
7. （複数の人に丁寧に）ここでは携帯電話を使わないでください。（aquí, el móvil, usar）
8. （親しい相手1人に）彼に耳を貸さないで。（hacerle caso）
9. （親しい相手1人に）身体に気をつけて。（cuidarse）
10. （複数の人に丁寧に）コートをお召しください。（el abrigo, ponerse）

CD 2-83
▶
DL 165

1. 基数

0 cero	20 veinte	100 cien（ciento）
1 uno	21 veintiuno	101 ciento uno（un/una）
2 dos	（veintiún/veintiuna）	102 ciento dos
3 tres	22 veintidós	
4 cuatro	23 veintitrés	200 doscientos（/tas）
5 cinco	24 veinticuatro	300 trescientos（/tas）
6 seis	25 veinticinco	400 cuatrocientos（/tas）
7 siete	26 veintiséis	500 quinientos（/tas）
8 ocho	27 veintisiete	600 seiscientos（/tas）
9 nueve	28 veintiocho	700 setecientos（/tas）
10 diez	29 veintinueve	800 ochocientos（/tas）
11 once	30 treinta	900 novecientos（/tas）
12 doce	31 treinta y uno（un/una）	
13 trece	32 treinta y dos	1 000　　　　mil
14 catorce	40 cuarenta	2 000　　　　dos mil
15 quince	50 cincuenta	10 000　　　diez mil
16 dieciséis	60 sesenta	100 000　　cien mil
17 diecisiete	70 setenta	1 000 000　un millón
18 dieciocho	80 ochenta	10 000 000　diez millones
19 diecinueve	90 noventa	100 000 000 cien millones
	99 noventa y nueve	

CD 2-84
▶
DL 166

2. 序数

第1の	primero	第6の	sexto
第2の	segundo	第7の	séptimo
第3の	tercero	第8の	octavo
第4の	cuarto	第9の	noveno
第5の	quinto	第10の	décimo

el siglo *octavo*　8世紀，　la *tercera* fila　3列目

* primero, tercero は男性名詞単数形の前で語尾脱落

　el *primer* ministro　首相，　el *tercer* día　3日目

3. 国名と地名形容詞

*地名形容詞は男性単数形を記載。男性単数形は名詞として言語名「～語」も表す。

◇スペイン語圏の国・地域

España	スペイン	español
México	メキシコ	mexicano
Argentina	アルゼンチン	argentino
Bolivia	ボリビア	boliviano
Chile	チリ	chileno
Colombia	コロンビア	colombiano
Costa Rica	コスタリカ	costarricense（男女・単）/costarriqueño
Cuba	キューバ	cubano

Ecuador	エクアドル	ecuatoriano
El Salvador	エルサルバドル	salvadoreño
Guatemala	グアテマラ	guatemalteco
Honduras	ホンジュラス	hondureño
La República Dominicana	ドミニカ共和国	dominicano
Nicaragua	ニカラグア	nicaragüense（男女・単）
Panamá	パナマ	panameño
Paraguay	パラグアイ	paraguayo
Perú	ペルー	peruano
Puerto Rico	プエルトリコ	puertorriqueño
Uruguay	ウルグアイ	uruguayo
Venezuela	ベネズエラ	venezolano
Guinea Ecuatorial	赤道ギニア	ecuatoguineano（guineoecuatoriano）

◇その他の国・地域

Alemania	ドイツ	alemán
Austria	オーストリア	austriaco
Australia	オーストラリア	australiano
Brasil	ブラジル	brasileño
China	中国	chino
Estados Unidos	アメリカ合衆国	estadounidense（男女・単）
Filipinas	フィリピン	filipino
Francia	フランス	francés
Inglaterra	イギリス	inglés
Japón	日本	japonés
Portugal	ポルトガル	portugués
Rusia	ロシア	ruso
Suecia	スウェーデン	sueco
Suiza	スイス	suizo
Vietnam	ベトナム	vietnamita（男女・単）

4. 疑問詞

cómo　どのように	cuál / cuáles　どれ	cuándo　いつ
cuánto, ta / cuántos, tas　いくら、いくつ		dónde　どこ
qué　何	quién / quiénes　誰	por qué　なぜ

5. 前置詞

a　～へ、～に（方向・相手・時刻）、～を（人）	con　～と、～で、～とともに（同伴者・道具）
de　～の、～から、～について	desde　～から
en　～の中・上に、～に、～で（場所・交通手段）	entre　～の間に
hacia　～の方へ、～の方に、～頃	hasta　～まで
para　～のために、～行きの、～方面、～までに	por　～によって、～を通って、～辺り
sin　～なしで	sobre　～の上に、～について

6. 位置関係・場所

este　東	norte　北	oeste　西	sur　南
aquí（中南米 acá）ここに	ahí　そこに	allí（中南米 allá）あそこに	
antes de　～の前に（時間）		después de　～の後に（時間）	
delante de　～の前に（位置・場所）		detrás de　～の後ろに（位置・場所）	

— 87 —

a la derecha de　〜の右に　　　a la izquierda de　〜の左に

encima de　〜の上に　　　debajo de　〜の下に　　　al lado de /junto a　〜のそば・横・隣に

al fondo de　〜の奥に　　　cerca de　〜の近くに　　　lejos de　〜から遠くに

dentro de　〜の内に　　　fuera de　〜の外に

alrededor de　〜の周りに　　　en el centro de　〜の中心に

CD 2-85
▶
DL 167

7. 月・曜日・季節

enero　1月　　　　febrero　2月　　　　marzo　3月　　　　abril　4月

mayo　5月　　　　junio　6月　　　　julio　7月　　　　agosto　8月

septiembre　9月　　　octubre　10月　　　noviembre　11月　　　diciembre　12月

lunes　月曜日　　　　martes　火曜日　　　　miércoles　水曜日　　　jueves　木曜日

viernes　金曜日　　　sábado　土曜日　　　domingo　日曜日

*複数形は sábados, domingosのみ。他は単複同形。

primavera　春　　　verano　夏　　　otoño　秋　　　invierno　冬

8. 時の表現（直示表現）

hoy　今日　　　ayer　昨日　　　anteayer　一昨日

mañana　明日　　　pasado mañana　明後日

esta semana　今週　　la semana pasada　先週　　la semana próxima / la semana que viene　来週

este mes　今月　　el mes pasado　先月　　el mes próximo / el mes que viene　来月

este año　今年　　el año pasado　昨年　　el año próximo / el año que viene　来年

esta mañana　今朝　　esta tarde　今夕（今日の午後）

esta noche　今夜　　anoche　昨夜

9. 体の表現

barriga　腹　　boca　口　　brazo　腕　　cabeza　頭　　cadera　（ヒップ部分の）腰

caderas　腰（全体）　　cara　顔　　ceja(-s)　眉毛　　cerebro　脳

cintura　（ウエスト、ウエスト付近の）腰　　corazón　心臓　　cuello　首　　cuerpo　体

dedo　指　　diente (muela)　歯（臼歯）　　estómago　胃　　frente　額　　garganta　喉

intestino　腸　　labios　唇　　mandíbula　顎　　mano　手　　mejilla　頬　　muñeca　手首

músculo　筋肉　　nariz　鼻　　ojo(-s)　目　　ombligo　へそ　　oreja(-s)　耳　　pecho　胸

pelo　（髪の）毛　　pestaña　睫毛　　pie　足首から下の足　　pierna　脚　　pulmón　肺

rodilla　膝　　tendón　腱　　tobillo　くるぶし　　uña　爪

10. 建築

acueducto　水道橋　　　alcazaba　（城郭内の）城　　　alcázar　城（砦）

ayuntamiento (municipalidad)　市役所

banco　銀行　　baño　風呂、トイレ　　biblioteca　図書館　　cámara　議会、商工会議所

casa　家　　castillo　城　　catedral　大聖堂　　cementerio　墓地

centro comercial　モール（商店）cerca　塀　　chalet　一軒家　cocina　台所　　correos　郵便局

cuarto de baño　浴室　　departamento　（中南米）アパート、マンション　　dormitorio　寝室

edificio　建物　　entrada　玄関　fortaleza　要塞　　galerías　デパート、アーケード、商店街

garaje　ガレージ　　gimnasio　ジム　　habitación (cuarto)　部屋　　hospital　病院

iglesia　教会　　jardín　庭　　monumento　記念建造物　　muralla　城塞

museo　ミュージアム　　parlamento　国会議事堂　　parque　公園　fachada　ファサード

pasillo　廊下　　patio　中庭　　pirámide　ピラミッド　piso　マンション・アパート

plaza　広場　　puerta　扉　　rascacielos　超高層ビル　　sala de estar　居間

salida　出口　　santuario　祠、神殿　　servicio　トイレ　　techo　天井　　tejado　屋根

templo budista　仏教寺院　　templo sintoísta　神社

terraza (balcón)　テラス、バルコニー　　torre　タワー　　ventana　窓

11. 星座　signos del zodiaco

Acuario　水瓶座	Aries　牡羊座	Cáncer　蟹座	Capricornio　山羊座
Escorpio　蠍座	Géminis　双子座	Leo　獅子座	Libra　天秤座
Piscis　魚座	Sagitario　射手座	Tauro　牡牛座	Virgo　乙女座

12. 十二支　horóscopo chino

ratón　子	buey　丑	tigre　寅	conejo　卯	dragón　辰	serpiente　巳
caballo　午（ウマ）	oveja　羊	mono　申	gallo　酉	perro　戌	

jabalí　亥（中国 cerdo）

13. 教育

guardería　保育園	jardín de infancia　幼稚園	escuela primaria　小学校
escuela secundaria　中学校	instituto　高校	universidad　大学
facultad　学部	departamento　学科	universitario　大学生

posgraduado　大学院（博士課程前期）　doctorado　大学院（博士課程後期）

doctorado　（一般的な）大学院　universidad estatal（nacional）　国立大学

universidad privada　私立大学　escuela especializada　専門学校　academia/preparatoria　塾

14. 学問

Antropología　人類学	Arqueología　考古学	Arte　美術	Arquitectura　建築学
Astronomía　天文学	Biología　生物学	Ciencia　科学	Comercio　商学
Contabilidad　会計（学）	Economía　経済学	Enfermería　看護学	Etnología　民族学
Farmacología　薬理学	Filología　文献学	Filosofía　哲学	Física　物理学
Geografía　地理学	Historia　歴史学	Humanidades　人文科学	Informática　情報科学
Ingeniería　工学	Literatura　文学	Matemáticas　数学	Medicina　医学
Medio ambiente　環境学	Oceanografía　海洋学	Periodismo　新聞学	
Psicología　心理学	Química　化学	Sociología　社会学	Turismo　観光学

15. 様々な形容詞

状態など：contento, triste, enfadado, nervioso, concentrado, aburrido, cansado, ocupado, dormido, activo, animado, tranquilo, pendiente, encerrado, pensativo

外見など：alto, bajo, bonito, feo, flaco, calvo, delgado, gordo, elegante, guapo, mono, majo, lindo, moreno, rubio, hermoso, fino, sano

性格など：antipático, simpático, alegre, serio, trabajador, holgazán, tímido, inteligente, bruto, valiente, cariñoso, amigable, positivo, negativo, temperamental, cabezota, humilde

その他：bueno, malo, mucho, poco など

Suplemento ②

人称代名詞と所有形容詞、冠詞、指示詞、形容詞

1. 人称代名詞と所有形容詞

	主語（～が）	直接目的語（～を）	間接目的語（～に）	再帰代名詞（自分を /に）	前置詞の後	前置詞の後・再帰形	所有形容詞・前置形（～の）	所有形容詞・後置形（～の）
私	yo	me	me	me	mí	mí	mi	mío
君	tú	te	te	te	ti	ti	tu	tuyo
彼、彼女、あなた	él ella usted	lo la	le (se)	se	él ella usted	sí	su	suyo
私たち	nosotros (-as)	nos	nos	nos	nosotros (-as)	nosotros (-as)	nuestro	nuestro
君たち	vosotros (-as)	os	os	os	vosotros (-as)	vosotros (-as)	vuestro	vuestro
彼ら、彼女たち、あなた方	ellos ellas ustedes	los las	les (se)	se	ellos ellas ustedes	sí	su	suyo

2. 冠詞

1）定冠詞「その / それらの」

	単数	複数
男	el	los
女	la	las

2）不定冠詞「ある、ひとつの / いくつかの」

	単数	複数
男	un	unos
女	una	unas

中性定冠詞 lo

3. 指示形容詞・指示代名詞

	「この・これ」 単数	複数	「その・それ」 単数	複数	「あの・あれ」 単数	複数
男	este	estos	ese	esos	aquel	aquellos
女	esta	estas	esa	esas	aquella	aquellas

中性形「estoこれ」eso「それ」aquello「あれ」（性のわからないとき・内容を指すときに使用）

4. 形容詞

1）oで終わるもの「-o,a,os,as型」

blanco「白い」

	単数	複数
男	blanco	blancos
女	blanca	blancas

2）子音末の地名形容詞「-ゼロ,a,es,as型」

español「スペイン（人）の」

	単数	複数
男	español	españoles
女	española	españolas

3）oで終わらないもの（子音末の地名形容詞をのぞく）男女同形「-ゼロ,（e）s型」

grande「大きい」

	単数	複数
男	grande	grandes
女	grande	grandes

azul「青い」

	単数	複数
男	azul	azules
女	azul	azules

Suplemento 3

1. 直説法過去未来
未来形の語幹に、線過去-er / -ir動詞の活用語尾-ía, ías, ía, íamos, íais, íanを付加して得られる形を過去未来形という。

hablar

hablar**ía**	hablar**íamos**
hablar**ías**	hablar**íais**
hablar**ía**	hablar**ían**

tener［不規則］

tendr**ía**	tendr**íamos**
tendr**ías**	tendr**íais**
tendr**ía**	tendr**ían**

不規則活用…過去未来は未来形と共通の語幹を持つ。

poder → **podr**ía, querer → **querr**ía, saber → **sabr**ía, haber → **habr**ía

poner → **pondr**ía, salir → **saldr**ía, tener → **tendr**ía, venir → **vendr**ía

hacer → **har**ía, decir → **dir**ía

1）用法

　a）過去から見た未来（時制の一致）

Le dije a Ana que *iría* al concierto el sábado.　　私は土曜日にコンサートへ行くだろうとアナに言った。

　b）過去の推量

José *tendría* unos treinta años cuando se casó.　　ホセは結婚した時30歳位だっただろう。

　c）丁寧・婉曲

¿Podría decirme cómo se va a la estación de Atocha?　アトーチャ駅への行き方を教えて頂けますか？

Me *gustaría* reservar una mesa.　　テーブルを予約したいのですが。

Deberíais estudiar español más.　　君たちはもっとスペイン語を勉強するべきじゃないのかなあ。

　d）条件の帰結（仮定的意味）

Yo, en tu lugar, *compraría* un ordenador nuevo.　　僕が君の立場なら新しいパソコンを買うだろうね。

2. 接続法過去
ra 形と se 形がある。

ra 形は点過去3人称複数形語尾の **-ron** を **-ra** に置き換える。

接続法過去 **ra** 形の語尾 **-ra, ras, ra, (´)ramos, rais, ran**［全動詞共通]

［参考] **se** 形語尾：-se,ses,se, (´)semos,seis,sen

hablar（直説法点過去3複 hablaron）

hablar**a**	hablá**ramos**
hablar**as**	hablar**ais**
hablar**a**	hablar**an**

tener（直説法点過去3複 tuvieron）

tuvie**ra**	tuvié**ramos**
tuvie**ras**	tuvie**rais**
tuvie**ra**	tuvie**ran**

Esperaba que *vinieras* a mi boda.　　私は君に結婚式にきてほしかった。

El profesor nos dijo que *estudiáramos* más.　　先生は私たちにもっと勉強するよう言った。

Quisiera preguntarle una cosa.　　ちょっとお尋ねしたいのですが。（ra形 丁寧表現）

Suplemento ④

1. 規則動詞の変化
直説法　-ar（**tomar**）
不定詞 tomar　　　　　過去分詞 tomado　　　現在分詞 tomando

人称	現在	点過去	線過去	未来	過去未来	肯定命令
1・単	tomo	tomé	tomaba	tomaré	tomaría	-
2・単	tomas	tomaste	tomabas	tomarás	tomarías	tome
3・単	toma	tomó	tomaba	tomará	tomaría	toma（usted）
1・複	tomamos	tomamos	tomábamos	tomaremos	tomaríamos	tomemos
2・複	tomáis	tomasteis	tomabais	tomaréis	tomaríais	tomad
3・複	toman	tomaron	tomaban	tomarán	tomarían	tomen（ustedes）

直説法　-er（**comer**）
不定詞 comer　　　　　過去分詞 comido　　　現在分詞 comiendo

人称	現在	点過去	線過去	未来	過去未来	肯定命令
1・単	como	comí	comía	comeré	comería	-
2・単	comes	comiste	comías	comerás	comerías	come
3・単	come	comió	comía	comerá	comería	coma（usted）
1・複	comemos	comimos	comíamos	comeremos	comeríamos	comamos
2・複	coméis	comisteis	comíais	comeréis	comeríais	comad
3・複	comen	comieron	comían	comerán	comerían	coman（ustedes）

直説法　-ir（**subir**）
不定詞 subir　　　　　過去分詞 subido　　　現在分詞 subiendo

人称	現在	点過去	線過去	未来	過去未来	肯定命令
1・単	subo	subí	subía	subiré	subiría	-
2・単	subes	subiste	subías	subirás	subirías	sube
3・単	sube	subió	subía	subirá	subiría	suba（usted）
1・複	subimos	subimos	subíamos	subiremos	subiríamos	subamos
2・複	subís	subisteis	subíais	subiréis	subiríais	subid
3・複	suben	subieron	subían	subirán	subirían	suban（ustedes）

直説法現在完了（**-ar, -er, -ir**）

人称	-ar	-er	-ir
1・単	he tomado	he comido	he subido
2・単	has tomado	has comido	has subido
3・単	ha tomado	ha comido	ha subido
1・複	hemos tomado	hemos comido	hemos subido
2・複	habéis tomado	habéis comido	habéis subido
3・複	han tomado	han comido	han subido

直説法過去完了（**-ar, -er, -ir**）

人称	-ar	-er	-ir
1・単	había tomado	había comido	había subido
2・単	habías tomado	habías comido	habías subido
3・単	había tomado	había comido	había subido
1・複	habíamos tomado	habíamos comido	habíamos subido
2・複	habíais tomado	habíais comido	habíais subido
3・複	habían tomado	habían comido	habían subido

直説法未来完了（-ar, -er, -ir）

人称	-ar	-er	-ir
1・単	habré tomado	habré comido	habré subido
2・単	habrás tomado	habrás comido	habrás subido
3・単	habrá tomado	habrá comido	habrá subido
1・複	habremos tomado	habremos comido	habremos subido
2・複	habréis tomado	habréis comido	habréis subido
3・複	habrán tomado	habrán comido	habrán subido

直説法過去未来完了（-ar, -er, -ir）

人称	-ar	-er	-ir
1・単	habría tomado	habría comido	habría subido
2・単	habrías tomado	habrías comido	habrías subido
3・単	habría tomado	habría comido	habría subido
1・複	habríamos tomado	habríamos comido	habríamos subido
2・複	habríais tomado	habríais comido	habríais subido
3・複	habrían tomado	habrían comido	habrían subido

接続法

-ar（tomar）　　　　　　　　　　　　　-er（comer）

人称	現在	過去（ra）	過去（se）	現在	過去（ra）	過去（se）
1・単	tome	tomara	tomase	coma	comiera	comiese
2・単	tomes	tomaras	tomases	comas	comieras	comieses
3・単	tome	tomara	tomase	coma	comiera	comiese
1・複	tomemos	tomáramos	tomásemos	comamos	comiéramos	comiésemos
2・複	toméis	tomarais	tomaseis	comáis	comierais	comieseis
3・複	tomen	tomaran	tomasen	coman	comieran	comiesen

-ir（subir）

人称	現在	過去（ra）	過去（se）
1・単	suba	subiera	subiese
2・単	subas	subieras	subieses
3・単	suba	subiera	subiese
1・複	subamos	subiéramos	subiésemos
2・複	subáis	subierais	subieseis
3・複	suban	subieran	subiesen

接続法現在完了（-ar, -er, -ir）

人称	-ar	-er	-ir
1・単	haya tomado	haya comido	haya subido
2・単	hayas tomado	hayas comido	hayas subido
3・単	haya tomado	haya comido	haya subido
1・複	hayamos tomado	hayamos comido	hayamos subido
2・複	hayáis tomado	hayáis comido	hayáis subido
3・複	hayan tomado	hayan comido	hayan subido

接続法過去完了 ra（se）（-ar, -er, -ir）

人称	-ar	-er	-ir
1・単	hubiera（hubiese）tomado	hubiera（hubiese）comido	hubiera（hubiese）subido
2・単	hubieras（hubieses）tomado	hubieras（hubieses）comido	hubieras（hubieses）subido
3・単	hubiera（hubiese）tomado	hubiera（hubiese）comido	hubiera（hubiese）subido
1・複	hubiéramos（hubiésemos） tomado	hubiéramos（hubiésemos） comido	hubiéramos（hubiésemos） subido
2・複	hubierais（hubieseis）tomado	hubierais（hubieseis）comido	hubierais（hubieseis）subido
3・複	hubieran（hubiesen）tomado	hubieran（hubiesen）comido	hubieran（hubiesen）subido

櫻井　道子（さくらい　みちこ）
　　　早稲田大学兼任講師
栗林　ゆき絵（くりばやし　ゆきえ）
　　　中央大学兼任講師

©OIGA
オイガ
― スペイン語基礎固め ―

2021 年 2 月 1 日　初版発行　定価　本体 2,500 円（税別）

著　者 ©　　櫻　井　道　子
　　　　　　栗　林　ゆ　き　絵
発 行 者　　近　藤　孝　夫
印 刷 所　　株式会社坂田一真堂
- -
発 行 所　　株式
　　　　　　会社　同　学　社
〒 112-0005　東京都文京区水道 1-10-7
電話代表（3816）7011・振替 00150-7-166920

ISBN978-4-8102-0441-4　　　Printed in Japan
（有）井上製本所

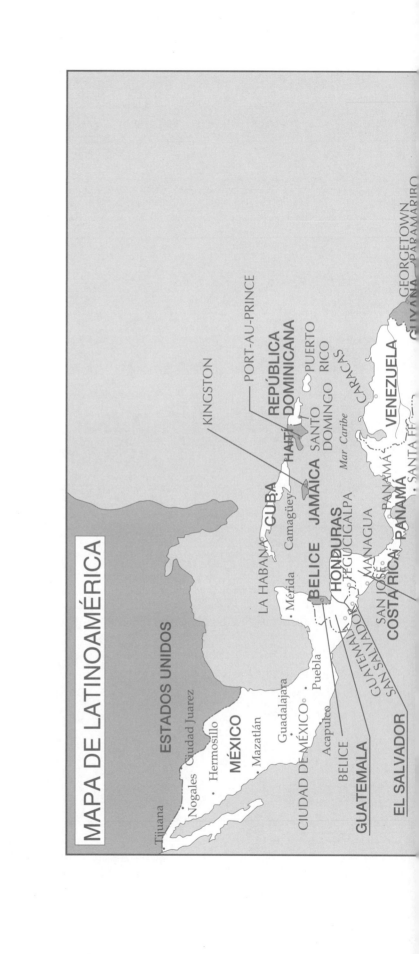

MAPA DE LATINOAMÉRICA

ESTADOS UNIDOS

Tijuana

Nogales · Ciudad Juarez
· Hermosillo

MÉXICO
· Mazatlán
Guadalajara
CIUDAD DE MÉXICO ·   Puebla
Acapulco

BELICE
GUATEMALA
EL SALVADOR

LA HABANA
· Mérida   Camagüey

CUBA

BELICE   JAMAICA
GUATEMALA   HONDURAS
SAN SALVADOR   TEGUCIGALPA
MANAGUA
SAN JOSÉ
COSTA RICA
PANAMÁ
PANAMÁ

KINGSTON

PORT-AU-PRINCE

HAITÍ

REPÚBLICA
DOMINICANA
SANTO   PUERTO
DOMINGO   RICO

Mar Caribe

CARACAS

VENEZUELA
SANTA FE

GEORGETOWN
PARAMARIBO
GUYANA